手机掘金实战宝典

高连兴　常洛瑜◎著

中国纺织出版社

内 容 提 要

移动互联网时代，每个人都有创造属于自己财富的机遇。大而全的出版、影视、游戏，小而美的移动代理、微商、O2O餐饮，围绕着小小的智能手机，我们可以轻松实现自己的财富梦想。如何应用好移动互联网的各个环节，如何找到最佳的投资方向，如何应用社交APP创建粉丝群……这一切，尽在这本《手机掘金实战宝典》之中。挖掘小米、墨迹天气、今日头条、掌阅阅读最深层次的移动互联网基因密码，打造最系统、最完善、最通俗、最具实操性的“智能手机创富圣经”！

图书在版编目（CIP）数据

手机掘金实战宝典 / 高连兴，常洛瑜著. —北京：中国纺织出版社，2016.3（2024.7重印）

ISBN 978-7-5180-2280-9

Ⅰ. ①手… Ⅱ. ①高… ②常… Ⅲ. ①网络营销 Ⅳ. ① F713.36

中国版本图书馆 CIP 数据核字（2016）第 015988 号

策划编辑：于磊岚　　　　责任印制：储志伟

中国纺织出版社出版发行

地址：北京市朝阳区百子湾东里A407号楼　邮政编码：100124

销售电话：010—67004422　传真：010—87155801

http：//www.c–textilep.com

E–mail：faxing@c–textilep.com

中国纺织出版社天猫旗舰店

官方微博 http://weibo.com/2119887771

永清县晔盛亚胶印有限公司印刷　各地新华书店经销

2016年3月第1版　2024年7月第3次印刷

开本：710×1000　1/16　印张：16

字数：212千字　定价：78.00元

凡购本书，如有缺页、倒页、脱页，由本社图书营销中心调换

序一

如果说十年前互联网改变了整个世界，那么，当今就是移动互联网占领全球的时代。移动互联网正在连接一切，无论是人是物，还是资金与服务。移动互联网正在改变着每个人的生活与消费习惯，甚至成了我们每个人生命延伸的一个器官。随着 4G 时代的到来，随着中国 8.7 亿移动互联网用户的涌现，移动互联网正在全力改造着我们的传统产业。毫无疑问，这股巨大的力量，山呼海啸般重塑着、改写着我们的社会发展进程，左右着你我的世界，预判着你我的未来。没错，我们就处在这样一个伟大又特别的历史拐点上。

如今，全民创业、万众创新已成为时尚，“互联网 +”已升级为国家级战略，那些努力把各种创意变为现实的创客们正崛起为一股势不可挡的新生力量……从某种意义上讲，创业尤其是创新，对一个国家、一个公司或组织就意味着一切。因为创新实际上是生产率提高的过程，是大大改变人类历史前进与发展曲线的原动力。依托移动互联的技术力量，当我们在“云端”俯视大地，在地面仰望“云端”之时，不无感慨：2000 年时，一个融资 1000 万美元、拥有 100 名员工的初创企业是能够吸引 100 万用户的；现在融资 100 万美元、有 10 个员工的公司就能吸引 1000 万用户；如果借助移动互联网，一个不用任何投资白手创业起家者就能吸引 100 万用户。移动互联的杠杆效应可见一斑。技术特别是移动互联网技术肯定不是命运，命运只能由我们自己即创客们创造。但在此笔者还是要提醒一句，当今是一个赢了银牌不重要，丢了金牌才重要的时代。抓住，只有紧紧抓住金牌，你才会赢!

刚欲睡，就有人送来枕头，的确是一件幸事。高连兴就是这样一位送枕头的先生。不过，他送的不是普通的枕头，而是让创客们紧紧抓住金牌的一套系统、完善、通俗、实用的智能手机创富经。愿有梦、敢于追梦、勤于圆梦的广大读者从中充分汲取营养，做一个无愧于我们这个时代的出彩的移动互联网创业人!

是为序。

马方业

资深财经媒体人、经济日报（集团）

高级编辑、证券日报社副总编辑

2015 年 11 月于北京

序二

人们在谈到蝴蝶效应时，经常会提到像Twitter、Facebook这类社交网络的作用，尤其是以智能手机为核心的移动终端的兴起，改写了人们的沟通、交流方式，并对既有的社会生活、社会结构带来了巨大的冲击。人类迎来了第五媒体，在传统的报纸、杂志、广播和电视之后，以手机为核心的移动终端异军突起，开始深入影响人们生活的方方面面。

自从人类进入信息社会以来，信息技术、网络技术正以前所未有的速度影响着人们的生活。互联网对社会最直接的冲击是改变了信息产生和流动的方式，网络成为社会最主要的信息流动媒介之一。加拿大著名传播学家麦克卢汉认为任何媒介都是人的延伸，媒介即信息，任何媒介（即人的任何延伸）对个人和社会的任何影响，都是由于新的尺度产生的；我们的任何一种延伸（或曰任何一种新的技术），都要在我们的事务中引进一种新的尺度。媒介对其载有的信息有强烈的反作用，决定着信息的清晰度和结构方式。特别是在电子化时代，媒介具有前所未有的积极的能动作用，引起了事物的尺度变化和模式变化，媒介改变、塑造和控制人的组合方式与形态。[1]

互联网通过海量的信息流动，改变了信息产生、传播的方式，区别于传

[1] ［加］马歇尔·麦克卢汉：《理解媒介——论人的延伸》，何道宽译，商务印书馆，2000年，第33—50页。

统的媒介。信息的爆炸式增长让以信息资源为基础的资源掌控能力在网络时代异军突起。更重要的是，互联网已超越了传统的媒介，不再仅仅是信息的载体，而是渗透到社会生活的方方面面。随着网络技术的发展，互联网可以满足人类多方面的需要。网上支付平台的发展，使网络交易越来越频繁，通过互联网已可实现大规模的资本流动和利益输送。尤其是伴随着人工智能和自动控制技术的发展，网络控制被越来越多地应用到社会生活甚至政治军事等领域。正如美国未来学家阿尔文·托夫勒所言，计算机网络的建立与普及将彻底改变人类生存及生活的模式，谁掌握了信息、控制了网络，谁就将拥有整个世界。

社交网络则把互联网的传统应用又向前推进了一步，将现实生活中的人际关系复制到网络上来，让大众参与、表达和互动具有了真实的现实生活层面的意义，从而使网络空间逐步具备社会性特征。很多时候，人们已经很难将网络与现实生活截然分开。

在某种程度上可以说网络空间重构了人类社会生活的公共领域。由于各种物质条件限制，民众参与公共活动的机会经常受到约束，但在网络时代这些约束将越来越少。哈贝马斯曾提出："公共领域原则上向所有公民开放，公共领域的一部分由各种对话构成，在这些对话中，作为私人的人们聚到一起，形成了公众。"[1]由于权力的介入和干涉，尤其是私人媒体寡头垄断的增长和现代官僚国家的兴起，线下公共领域的发展空间受到越来越多的压缩，而网络空间却为公共领域的发展提供了另一种可能，在这个空间中用户可以更便利地展开对话进行交流，而公众参与的门槛则不断降低，几近于零，使得每一个愿意参与的人都有实现自己愿望的机会和可能性。

在网络空间中，资源不再为少数人所把控，任何人都有能力、有机会发表自己的观点。作为一个共有的世界，公共领域可以说把我们聚在一起，又

---

[1] ［德］哈贝马斯：《公共领域的结构转型》，曹卫东等译，学林出版社，1999年，第125页。

防止我们彼此竞争。[1] 在网络空间中，每个人所表达的意见都只是一种看法，没有任何意见具有优先性、权威性。套用英国学者汤普森评论大众传媒的话："大众传播的发展非但没有敲响公共生活的丧钟，反而产生了一种新的公共性，并且从根本上改变了大多数人能经历公共事务的条件以及在今天参加所谓的公共领域。"[2]社交网络也促进了网络空间向公共领域的发展，并使整个社会向更加多元性和个性化的方面转变，在其中原有的政治权威被消解，活跃在网络上的用户得到越来越多的话语权。

社交网络的出现逐渐打破了传统社会中信息单向度流动的趋势。在网络上，信息是交互性的，网民既是信息的受众，同时也可以是信息的生产者和传播者，在信息流动中地位平等，这意味着由传统媒体长期把控的议程设置权被大大削弱。特别是在社交网络中，用户生产内容（Users Generate Content，UGC）得到鼓励并大量传播，"公民记者"和公民新闻内容的价值不断凸显，出现了大量的自媒体内容。用户在社交网络中的参与性受到最大程度的尊重与拓展，打破了传统媒体对信息制作和传播的垄断。用户直接介入信息的生产和传播过程，反映自己的思想和观点，从而直接设置议程，并对传统媒体设置的议程进行重新设置。

正如 2006 年美国《时代周刊》将"You"——"全体网民"选定为年度人物，我们都身处其中，无时无地不在"网"中。这是一个伟大的时代，互联网正在为我们创造一个又一个奇迹，这也是一个黑暗的时代，时隔两三年就可能恍如隔世被远远地抛在时代后面。而互联网带给我们的影响，在深度和广度上，是我们这些仍生活在其中的人很难评估的，但至少在目前阶段，有一点却几乎是确定无疑的，得信息者得天下，得网络者得天下，得手机者得天下。

正是在这更广阔的时代图谱下，本书的探索尤具意义。互联网经济席卷

[1] ［美］汉娜·阿伦特：《人的条件》，竺乾威等译，上海人民出版社，1995 年，第 41 页。

[2] ［英］约翰·汤普森：《意识形态与现代文化》，高铦译，译林出版社，2005 年，第 267 页。

全球方兴未艾，年轻人勇于探索、不断创新的精神正是其迅猛发展的动力之一，在这个意义上，本书作者敏锐地抓住了时代的脉搏，从手机角度入手，为读者呈现自己的思考，为有心之人提供了一些有价值的借鉴和启迪，更值得鼓励和肯定。

一部手机，掌控天下，各取所需，各显其能。互联网，让这一切皆有可能！

新浪网山西站总编辑陈忠卫

2015 年 11 月

前言

移动互联网时代，难道，我们只能做一个智能手机的使用者么?

当然不。

石器时代，有人借助打造的石器工具进行易货交易，开始了最早的商业探索；PC 时代，张朝阳、丁磊凭借着方兴未艾的互联网，打造了全新的商业帝国；而到了移动互联网时代，同样有一批这样的先驱者，他们或是创造着伟大的商业机遇，如小米科技、掌阅、36 氪；也有毫不起眼的街边小店，凭借着各种手机应用，如微信订餐、微博活动等，打响了自己的品牌，攫取着同样让人咂舌的财富。

毫不夸张地说，从古至今，没有任何一个时代，可以如移动互联网时代一般，任何一个人都有创造属于自己财富的机遇，一部小小的智能手机，承载着我们所有的梦想。事实上，我们身边的很多人，也早已开始了这方面的尝试：

也许，与你一起生活过四年的舍友，昨天毅然选择了辞职，成立了一个看似不起眼的团队，开始了对手机 APP 的开发；

也许，当你今早登录微信打开朋友圈时，发现身边天天见面的同事，开始在朋友圈发布着一些产品信息，并告知大家自己已经开始微店创业；

甚至，你会发现身边二十岁左右的年轻人，同样开始了手机掘金的尝试。也许，他们只是做着话费充值代理，或是销售着某一款游戏的周边，抑或是凭借着自己的特长进行 DIY 制品开发，他们凭借的只是在微博上的不断推广……

PC 时代的创业，经常会受到硬件和环境的制约，而移动互联网时代的创业，完全不会再被这些客观因素所限制。只需一部能够上网的智能手机，我们的生意就可以随时随地做到全世界！

如果你对财富有追求，如果你想创造属于自己的一番事业，甚至想打造一个属于自己的品牌，那么毫无疑问，智能手机将是你的最佳奋斗方向。

智能手机的出现，为我们的财富之路带来了许多便捷，但是它也需要一定的知识和技术储备。

哪些产业，适合在移动互联网时代创业？

只有小资本的我们，能否找到适合自己的项目？能否借助智能手机，实现理财的目的？

如何经营一家微店？如何建立属于自己的粉丝群？

究竟什么是 O2O？我们又该如何创造属于自己的 O2O 模式？

火热的新浪微博、微信，能否给我们的事业插上腾飞的翅膀？

神秘的二维码背后，还蕴藏着什么？

这一切，都是移动互联网时代掘金路上需要了解的知识。也许乍一看，这些内容会让我们觉得迷惑——如此专业的问题，自己可以完全掌握吗？

请不要担心，这本书，正是送给想要借助智能手机创富的人的枕边书。为了满足普通读者的需求，为了帮助读者找到移动互联网的财富命门，本书尽可能避免过于专业、过于理论化的词汇，一针见血地挖掘这两个问题：

移动互联网时代，我们可以做什么？

移动互联网时代，我们又该怎么做？

当我们先找准自己的方向，或是凭借着强大的风投资金进军智能手机影视业、手游业、新闻资讯业，或是凭借着移动互联网的特质选择适合自主创业的餐饮、代理、微商等领域，然后凭借着微信、微博、二维码等移动互联网工具，打造完善的O2O系统，这时候，我们就能称得上是真正的移动互联网创业人。

小米手机、锤子手机、墨迹天气、今日头条、招商银行、掌阅阅读，乃至服装微商、O2O个性餐厅……结合互联网时代辉煌一时的品牌与公司，本书将通过丰富的“实例＋图解”模式，将这些品牌从经营理念到传播手段的细节一网打尽，力争带给读者一本最系统、最完善、最通俗、最具实操性的“智能手机创富圣经”！

当然，因为时间有限，本书在匆忙仓促之间不免有所疏漏，请读者斧正与谅解。

高连兴

2015年10月30日

目 录
Contents

第一章　智能手机：移动互联网时代的“核武器”

第二章　O2O：移动互联网时代的全新法则

第三章 自媒体时代：二维码营销与运营

第四章 让营销更互动：社交网络营销实战指南

第五章 微店：成就你的财富梦想

第六章 不仅会赚钱，更要会理财：手机理财的时代

第七章 大而全：内容掘金者的创富启示

第八章 小而美：屌丝逆袭的手机创富时代

第九章　创富更要安全：移动互联网的安全性全揭秘

第一章
智能手机：移动互联网时代的“核武器”

智能手机的出现，大大改变了我们的生活方式。没有人能够想到，一部小小的手机，却承载了21世纪头20年的文明。移动互联网时代，手机不仅仅只是一个通话工具，还是开启全新商业时代的钥匙。借助小小的手机，我们能够进行新闻传播、影视创作和自媒体开发。在如今这个时代，如果你依旧看不到智能手机所带来的商业变迁，那么很遗憾：财富将与你无缘。

掌手机者掌天下

从“世界上最远的距离，不是生与死，而是我在你身边，你却在低头玩手机”到“我可以没有亲人，可以没有朋友，但不可以没有手机”……“手机”这个名词，在如今这个时代越来越被人们广泛提及。手机，俨然成了21世纪我们每个人都无法绕开的字眼。

根据eMarketer——全球知名的市场研究机构的最新研究报告，全球智能手机保有量将持续攀升。2015年全世界手机中有38%是智能机，而到2018年，这一数字将突破50%。此外，到2016年，全球智能机数量将达到21.6亿台，而这也将是其跨越20亿关卡的一年。相比之下，2014年全球智能机数量为13亿，而2015年将增长至16亿。

中国当然也不例外，2014年，中国智能手机用户首次达到5.19亿，大约占全球用户数量的三成。尽管中国的智能手机用户数量已经超过排在第二位的美国市场两倍多，未来中国智能手机用户数量仍将高速增长，预计到2018年智能手机用户数量将超过7亿。超过7亿，这是什么概念？中国目前人口数为14亿，这意味着，一半的中国人将会使用智能手机，包括孩子、老人，可以说智能手机将会席卷中国所有年龄层的人。

智能手机的增长让我们看到了什么？是科技引领未来，还是未来是高科技人才的天下？其实都不是，未来，是移动互联网——也就是手机创业者的天下。

十年前，我们对手机的理解，就是打电话、发短信，比座机方便的是可以随身携带。几年前，手机功能不断拓展，新增了听音乐、拍照及一些基本的商务功能，如今，手机早已不是普通通信工具，越来越丰富的移动互联网应用，为现在，更为未来开启了一个全新的商业模式。美国的一项最新调查表明，有75%的人上厕所要带着手机，38%的人一边冲厕所一边网上冲浪，甚至还有10%的人在厕所上网购物。

如今，手机甚至被视作人的一种器官，因为手机逐步消减了人类信息传递的空间距离。马化腾在一次公开演讲中就作如是说：“手机终端变成人随身的一个器官，以前用PC还不能称之为器官，离开电脑，站起来就脱离了，只有手机第一次跟人体连在一起，内置的摄像头、传感器、麦克风都可以成为人们在网络世界里的眼、鼻、口、耳，甚至你的触觉跟颜色，都可以通过互联网把你和朋友连在一起。”

多了一个器官，人类会发生什么改变？变为超体还是改变一个时代？答案最有可能的当然是后者。梦想改变世界的乔布斯虽然离开了，但是他仍然在改变着世界，改变着时代。

时代的改变倾注着一个个梦想者的努力，而智能手机的崛起，同样倾注着一个个成功者的思想和心血：

雷军和董明珠的对赌，作为旁观者的我们，多数怀着看热闹的心理，没有人会注意到小米手机生态链帝国的强势崛起，但是小米的粉丝经济却给了我们一个非凡的答案；

我们可以坐在工位上用手机订餐，用微信订水果；可以用手机抢票；等等。

网购初兴之时，我们一定没有想到手机网购会如此快地兴起；双十一也不会想到，它会有一天从负能量的光棍节变成网购狂欢节，刚刚过去的双十一，天猫交易额达912亿元，其中无线成交占68.67%。

图1–1　笔者的手机截图

当我们觉得那个小企鹅让沟通变得无比便捷之时，微信已经让手机短信功能产生了危机感，微店更是应运而生，美团网、滴滴打车等入驻，更让微信变得强大起来……

看一眼手机屏幕吧，图1–1是笔者经常使用的各种软件。还有多少图标，我们每天都会打开，每天都会关注？

望着这些目不暇接的智能手机衍生品，在体会便利的同时，我们是否想过：虽然自己不一定能像乔布斯那样改变世界，但是我们也可以依靠它来改变自己的生活。

几千年前的陈涉曾经说过“王侯将相宁有种乎”。在我看来，陈涉才是最有前瞻眼光的企业家，因为他的这句话道出了21世纪创富者的心声——每一个人，都可以成为创业家，都可以成为财富的拥有者。这句话，正是21世纪创富最有力的宣传词。

王侯将相宁有种乎——很多手机创富者没有背景，有的只是背影，而你看到的只有背影，未看到他们在创业路上的浴血拼杀。当投资人兴起，当众筹普及，你还会说创业很困难吗？

只要你有一个好的想法，有一个好的项目，创业就可以随时提上日程。

36氪、虎嗅网上到处都是创业者的信息，到处都是创业成功的案例。这些难道不让我们振奋和鼓舞吗？

创富的前提就是你有一颗勇敢的心，当然更为重要的是你要有前瞻性眼光和创新性思维。能够从大浪淘沙的项目中找到适合自己的第一桶金，能够在众多半途而废的创业者中脱颖而出，砥砺前行。

信息传播加速，大数据时代已经到来，不远的将来，将会是互联网创业的井喷期。不论你是做APP还是内容开发，或者衣食住行的各个方面，只要敢想敢做，移动互联网的未来终将会有你的一席之地。

上大学的时候，老师会说：文凭是进入企业的敲门砖；而现在，智能手机，移动互联网就是我们触手可及的敲门砖，谁掌控了手机，谁就能掌控天下。下一个创富者，也许就是有梦想并愿意付诸行动的你。

21世纪人类的文明工具：智能手机

公元前4000年左右，居住在亚美尼亚高原上的苏美尔人，创造出了世界上最早的文字——楔形文字，这标志着人类正式进入了文明时期；

18世纪，工业革命于英国轰轰烈烈地拉开了帷幕，随着工业时代的到来，人类文明掀开了全新的篇章；

20 世纪中叶，美国宾夕法尼亚大学物理学家莫克利和工程师埃克特等人共同开发出了电子数值积分计算机，尽管其体积庞大，占地面积为 170 平方米，总重量达 30 吨，但它标志着电子时代的正式到来，而随着互联网的出现，人类文明进入了崭新的时代。

直到有一天，我们的手机出现，没有了实体键盘，却有更加丰富的功能，可以快捷连接互联网，从三岁的孩子到八十岁的老人都可以轻松使用……

颠覆人类之前的所有文明载体

21 世纪，人类的文明又将凭借着何种载体得以体现？毫无疑问，正是我们每天都要接触的手机。当然，绝不是 20 世纪末那种只能打电话、发短信的手机，而是以 IOS、安卓系统为代表的智能手机。从某种程度上看，智能手机更像是 20 世纪“计算机 + 物联网”的衍生文明，但与之不同的是：手机相较计算机更加生活化。

请看 1–2 这张图，我们是否每天都会天天见到、并使用它？

想去哪儿？嘀嘀出行带你说走就走；

购物、读书，一键实现；

与朋友沟通，第一时间点击微信；

查看偶像动态，巧用微博进行关注；

世界发生了什么，第一时间得知；

给客户发送邮件，轻轻一点，打开手机邮箱客户端；

图1–2　各类手机的APP LOGO

想要说说心里话，打开博客，将自己的心情写下；

想要与朋友 K 歌到天明，在团购 APP 上购买 KTV 优惠券……

我们还能通过智能手机进行商品展示、客户洽谈、物流对接、售后沟通。原本看似遥不可及的创业之路，能在这小小的屏幕上轻松完成！

这，就是 21 世纪的文明。前人永远无法想到：我们的文明能在一个巴掌大小的屏幕上得到淋漓尽致的展现。

为了与 20 世纪的电脑文明加以区分，21 世纪的文明，完全可以使用这样一个词汇——移动互联网文明。

什么是移动互联网，仅仅是“手机＋互联网”这么简单？当然不！

著云台的分析师团队，用这样一种语言，最为准确地揭示了移动互联网的概念：互联网的技术、平台、商业模式和应用，与移动通信技术结合并实践的活动的总称。由此可见，移动互联网不仅包含手机和互联网，更有着生活习惯、商业模式等因素的共同作用。可以说，智能手机，是贝尔发明电话机之后，人类最伟大的一次工业变革与民间普及。

有这样一组数据，可以完全表现移动互联网对人类社会的影响：截至2014年4月，我国移动互联网用户总数达8.48亿户，在移动电话用户中的渗透率达67.8%；手机网民达5亿，占总网民数的八成多，手机保持第一大上网终端地位。我国移动互联网发展进入全民时代。中国已然如此，更何况全世界？

颠覆人类的商业文明模式

颠覆几千年来人类的生活习惯，这是移动互联网时代的显著特征。它不仅颠覆着生活习惯，更颠覆着看似根深蒂固的商业模式、社会架构。想想看：

20年前，如果我们想要开一家宾馆，首先考虑的是：哪个地段人气最好？火车站，百货商场，商圈集中地？

现在，观察一下我们身边的快捷酒店和宾馆，还有多少遵循这样的原则？因为，即便我们还没有到达这个城市，已经通过手机预定好房间，哪怕酒店是在深巷僻壤。轻松点击打车软件，我们就可以向目的地飞奔，不必担心走出车站时那种茫然无措的情形。

曾经的我们会认为：街头广告有着非常重要的商业价值，但移动互联网却将其轻松击碎。人们获取资讯的渠道有太多太多，传统硬广的价值在逐渐走低，因为它不能产生二次传播，不能给人带来最贴心的服务。

正因为如此，当你走进车库咖啡这样的创业天堂时，会听到“××× 公司又投入 ××× 万元给 ××APP 团队”，却很难听到“今年的样式广告标王是 ×××”的讨论。所以，“愤怒的小鸟”团队，可以得到比 Konami（日本游戏厂商）更多的关注；而与格力空调对赌的小米科技创始人雷军，也显然更受普通人的追捧。他们都是移动互联网时代的代表，颠覆着早已有些落寞的传统商业。

更重要的是，传统的商业模式，讲究“高大全”——资金雄厚，团队庞大，项目宏伟，屌丝阶层根本不配插足；但随着智能手机的快速普及，我们发现：一家公司不再需要超大规模、巨额资金——十几个人，有独创的、吸引用户的需求，不多的资金，就有可能从移动互联网中分得一块蛋糕。所以，中国的移动互联网创业显得愈发热烈，一些不到三十岁的年轻人，借助时代的力量，在移动互联网的产业链上，撼动着诸如微软、IBM、联想的地位。如果读者有幸走进北京的车库咖啡或 3W 咖啡，你会惊讶地发现：这里根本不是充满小资情调的咖啡馆，而是一个个移动互联网公司的大本营——热闹、紧张、资金飞快运转……图 1–3 就是车库咖啡的日常画面，这些凭借着几个年轻人就成立起的公司，正在移动互联网的世界里创造着属于自己的梦想与财富。

图1–3　车库咖啡

智能手机，不仅创造着全新的文明，更创造着全新的商业时代。所以，在本节的最后，我留下一个问题，希望各位读者能够思考和讨论：21 世纪，我们该如何利用移动互联网，在商业领域攫取属于自己的财富？而这，也正是本书希望与大家分享的。

信息，移动互联网时代的黄金

智能手机，开创了一个全新的时代，尤其是在商业领域。但是，想要在移动互联网分得一杯羹，只看得到热闹是完全不够的——乱花渐欲迷人眼，相较传统商业，移动互联网时代的各种商业手段会显得更加碎片化：微博、微信、APP、门户网站、团购网站……

正是因为移动互联网的这种属性，给众多渴望在移动互联网领域掘金的年轻人带来了无尽的迷茫：这么多的选择，我该如何做？为什么与传统商业相比，如今做生意会更加复杂？到底做好哪部分才能打开局面？

如果你恰巧也有这样的困惑，那么我不得不遗憾地告诉你：你并没有理解移动互联网的精髓。传统商业领域注重的是什么？是产品属性、广告属性、销售属性，接下来便是听天由命。但移动互联网却并非如此，它注重的不是按部就班，而是灵动创意——微博、微信、APP 等，这都是体现灵动创意的渠道。

那么，我们为什么要体现灵动创意？答案就是——让信息第一时间被用户捕捉和分享！

只要是智能手机用户，必然关注了不少的微信公众账号、微博公众账号，下载了自己喜欢的 APP。我们关注它们的原因只有一点：有我们需要的信息。关心新闻的朋友，会订阅“今日头条”；喜欢体育的朋友，会下载“体坛周刊 APP”；文玩界的朋友，则会留意“文玩汇”的信息……

正是信息的存在，才让各类微信公众账号和 APP 有了存在的可能性。想想看，是不是当这些渠道推送了你所关心的信息时，你才会打开这些软件？如果收到的信息，并不是你所感兴趣的，那么是不是你又会第一时间将其关闭？

正是因为信息的存在，移动互联网才显得充满生机——移动互联网阅读效率和方法的多样化，让人们可以更加轻松地接受信息，而不是因为各种渠道的存在，才让移动互联网朝气蓬勃。

信息才是自古以来商业领域的核心。举一个大家耳熟能详的例子：

罗斯柴尔德为什么能够成为世界财富的象征？因为在 1815 年，当时拿破仑正在与英军决战，而罗斯柴尔德捕捉到了这场战役的重要性，所以他建立起优秀的情报系统，开始将战地信息不断发回伦敦。倘若英国胜利，公债必然大涨，反之则暴跌。

结果，狡猾的罗斯柴尔德不断宣扬拿破仑已经取得了胜利，所以所有人都在抛售英国公债。此时，他逢低吸入，结果当英军获得胜利之后，他赚得盆满钵满，为罗斯柴尔德家族的崛起打好了根基。

无可否认，罗斯柴尔德的做法不免有些不够道德，但从这个故事中我们可以看到——罗斯柴尔德凭借的不是商品、广告，而是信息——即使这个信息是充满误导性的。

图1–4　微信订餐

再回到移动互联网，无论是新晋手机品牌“努比亚”还是便捷打车软件“滴滴打车”，我们是如何知道他们的？不是真的看到了产品（滴滴打车只是虚拟产品），而是通过不同渠道，获得了这些品牌的信息。正是因为这些信息，我们才选择了购买或使用。

所以，在移动互联网时代，信息才是真正的黄金。信息可以传递，具有真实性、及时性、针对性、开发性，它比有限的物质资料更丰饶！

当你真正意识到了这一点，才算开始了解移动互联网的精髓。相信我们都听说过各种微信订餐的小团队，他们经营得风生水起，就在于能够利用智能手机的各种平台，将自己的信息传播出去。并且，这些信息是真的可以给我们带来帮助的。

图 1–4 这样的微信订餐账号，给我们带来了实用、有效、真实的信息，所以它是成功的。与之相反，也有所谓的垃圾微信公众号，这些账号更新频率极低，并且更新内容与账号拥有公司毫不相关，所以这些公司看似做到了移动互联网时代的所有渠道，却毫无人气。

对于一家准备立足于移动互联网的公司而言，所有的信息都是无效的、封闭的，它又谈何在移动互联网领域大展拳脚？这正是为什么每个城市都有那么多所谓的移动互联网公司，却在短短半年时间内换了一茬又一茬的原因。他们不懂得信息的重要性，而将所有的注意力，放在了眼花缭乱的APP和微信建设上。

有一个领域，恰恰就是没有重视信息的重要性，导致了行业洗牌，那就是分类信息网站。PC时代，分类信息网站为数众多，但到了移动互联网时代，仅剩58、赶集等几个知名网站，其他几乎销声匿迹。

是因为他们没有开拓智能手机领域么？当然不是！他们同样建立了各类APP，但是思维却依旧停留在PC时代——依靠广告赚钱，并没有真正关心客户的信息推送，根本没有想过内容对于平台的核心价值。没有内容，就没有有效的信息传播，甚至连基本的分享都无法做到，这样的公司，即使做得再多，又有什么用呢？

说了这么多，相信一开始的疑惑，现在你已经完全解开——无论移动互联网时代有多少渠道，还将诞生多少渠道，信息才是核心。纵使使用一百种方法，我们最终的目的只有一个——将最有效、最实用的信息直接推送给用户。意识到这一点，所谓的微信、微博、APP也就不会再使我们困惑。当然，如何更加有效地利用这些渠道推送信息，在后面的章节里我们将做详细说明。

六大热门产业，掀起移动互联网新热潮

传统商业，带动了实体经济的腾飞。而这其中，诸如服装加工与销售、餐饮销售、设备生产、广告传播等，都是传统时代辉煌的产业。那么，到了手机蓬勃发展的移动互联网时代，哪些产业又将成为新的掘金方向？

这一节，笔者将帮助读者做到有的放矢。要永远记得：任何一个时代，都有引领潮流的产业项目，抓住这一点，财富才能源源不断滚滚来。正如小米科技创始人的一句名言：“只要站在风口，猪也能飞起来。”想要成为移动互联网时代弄潮儿，我们就要找到真正的风口。

手机新闻资讯，高大上的热门产业

互联网给我们带来的第一个功能是什么？自然是资讯。移动互联网时代亦是如此，观察公交上、地铁里的手机用户，超过六成都在观看新闻热点。新浪、搜狐、腾讯等传统互联网大鳄，早已在移动互联网端进行布局，而其他类型诸如 36 氪等垂直新闻 APP，同样也取得了不菲的下载量。

在纷乱的手机新闻网站中，有一个 APP 显得鹤立鸡群：今日头条。与新浪、搜狐这些传统大鳄相比，今日头条很年轻，起步就直接精准定位在移动互联网，所以它更是手机掘金时代的榜样之一。自 2012 年 8 月份上线以来，截止到 2014 年，累计用户已达 1.6 亿以上，其中日均活跃用户 1600 万人，成为增长最快的资讯类客户端，包含了新闻动态、图片和短文。

图1–5　今日头条截图

通过图 1–5 今日头条的截图可以看到，这款 APP 非常符合移动互联网时代的这几个关键词：简洁、定制、个性、精准。可以说，今日头条为移动互联网新闻网站奠定了一个标杆。

正是因为人们对新闻获取的渴望度，目前市面上的手机新闻网站，基本上都有着不错的关注度，也能获得极大的资本关注。就像今日头条，2014 年中期，即获得第三轮融资，高达五亿美元。

当然，手机新闻站是一个较大的投资项目，对于小团队和个人创业者而言，并非那么适合。不过，如果将新闻站更加细分，例如专业动漫、专业手机等，即可降低不少投资成本，同时也可以打造品牌优势，避免与大公司的直接对抗，这也是不错的选择。

找准受众心态，进军影视阅读类产业

电子阅读、便捷观影，这是近十年来电子行业一直在讨论的话题。PC 时代，尽管这两类软件都已经出现，但是受限于载体——电脑的不便捷，电子阅读及便捷观影都没能取得很好的成绩。

移动互联网时代，将这种尴尬的局面彻底扭转。无论是电子书阅读的 IREADER，期刊类的 VIVA，还是便捷观影的 PPTV 手机版，都取得了非常高的下载量和客户满意度。可以说，正是移动互联网时代的到来，让我们的阅读与观影模式取得了翻天覆地的改变。

1. 大资产、大规模的投资

可以预见，随着国家对知识产权、版权的保护进一步提升，以及手机 3G/4G 和 WIFI 技术的不断提升，影视阅读类产品，将会更加收获市场和资本的青睐。与手机新闻网站相似，影视阅读类产业都是大规模、大资产的投资领域，集团化企业能够负担相应投资，而中小团队则无法承受。

2. 有态度的内容制造商

当然，并不是说中小团队无法介入影视阅读产业。事实上，如果我们转换思维，例如进行内容开发：网络小说的创作，视频节目的制作，同样可以在影视阅读产业中分得一杯羹。有态度的视频短片，同样可以获得观众的喜爱，并吸引到大的投资团队，从而实现财富梦想。所以，对于一些有想法、有经验的小团队而言，进行内容制造，同样能够在移动互联网时代成功。

与这两个行业类似的，就是手机游戏产业。这是目前同样发展蓬勃的产业类型，在后面的章节中，我们将针对手机游戏产业进行专门的交流。

一个人也可以轻松创业

新闻类、娱乐类产业，这些仿佛都过于大而全，不是个人创业者可以承受的。那么，就没有适合个人创业的产业项目，在移动互联网时代帮助普通人吗？

当然不！难道，我们没有听说过微店，没有听说过手机淘宝吗？

图1–6　微商手机页面

图 1–6 就是微商的界面。所谓微商，即是以个人为单位的“商铺”，只要能够在手机上借助移动互联技术进行的商业活动，就属于微商的范畴。借助微博、微信等相关软件，进行手机淘宝、微店、微商创业，这对于个人投资者来说非常有效。而我们的创业内容也可以非常广：服装、鞋帽、饮食、3C……我们完全可以在移动互联网时代，开一家真正属于自己的店铺。并且与 PC 时代相比，移动互联网时代的后台管理、图片上传、信息沟通将会更加便捷，不受地域限制，并且推广成本低（可以一键分享到微博、微信，让更多人看到），所以越来越多的人，投入到了这个行业之中。

如何做好移动互联网时代的个人创业，这是很多读者都关心的。后面的章节，我们将会对此全面展开，帮助创业者获得成功。

主打个性牌，定制产业渐走俏

移动互联网的特质是什么？很关键一点就是：便捷。正是因为便捷，我们可以与志同道合的人更加方便地沟通：微博、微信、陌陌、手机 QQ……无论电影迷，还是科技迷，都可以通过这些软件建立群，形成小圈子，讨论共同的爱好。

正是因为虚拟圈子文化的形成，我们无论天南地北都可以进行沟通。这种便捷，促进了一个全新产业的诞生——个性化定制产业。众筹网等的成功，事实上正是借助了这一点：有共同的爱好，需要别样的定制。

所以，如果你和你的团队，恰恰正是一个小型科技产品的研发团队；如果你是一名独立音乐人，有不多却忠实的粉丝，那么，我们就可以利用社交软件发布消息，利用众筹软件进行定制，从而实现自己的创富梦。如图 1–7 所示，看看众筹网的项目吧，几乎每一个，都可以满足这类个性化的创富梦想。

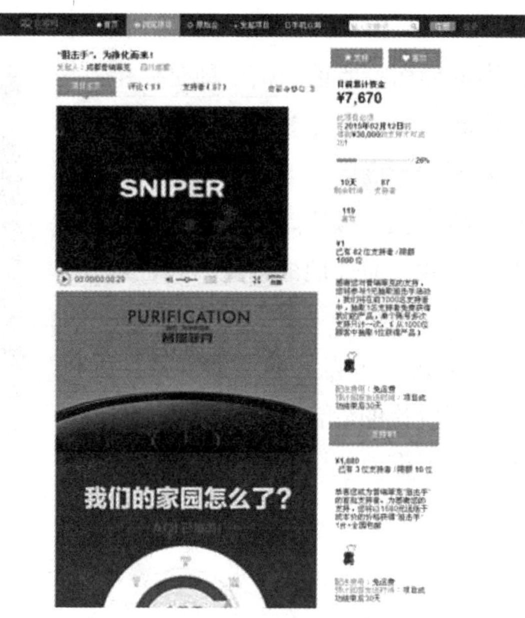

图1–7　众筹网活动页面

因此，当你和团队正在进行一项全新的创造，或你有非常特别的产品需要推向市场，那么手机互联网就可以满足你的所有梦想。尤其对于越来越追求个性化的 90 后乃至 00 后而言，可以预见更加小而美的团队和创业者即将出现。

最贴心、最极致：生活服务产业

如果，我们有一支小团队，很擅长开发手机应用产品，那么什么行业是我们最佳的创业方向？很显然，生活服务行业非常适合。看看图 1–8 的墨迹天气，这就是生活服务产业的领军品牌。

图1–8　墨迹天气截图

事实上，生活服务的应用，才是智能手机最广泛的应用。如果，我们可以开发相应的软件，同时还有一定的推广实力，那么就能很容易得到市场和资本的青睐。以下这几类，都是生活服务类的产品，并且使用率较高：

1. 生活助手 APP

为用户提供诸如家政预约、搬家预约、家电维修等服务。平台上，我们需要邀请相关的公司进驻。

2. 公交查询 APP

为用户提供最专业的公交线路查询和公交实时跟踪，将会帮助用户方便搭车，这类软件会很快得到用户的喜爱。

3. 旅游查询 APP

到了一个陌生的城市，我们可以通过这类软件，查询该城市的旅游景点、美食地点等。

这类 APP 可开发的还有很多，只要和生活密切相关，同时又有一定的技术团队，那么就可以进行尝试。同时，相较手机新闻、影视等行业，生活服务类需要的资金投入会降低不少，又能获得巨大的风投资金，因此是中小创业团队非常适合的方向。

最专业、最科技：专业服务产业

随着硬件配置及功能不断提升，智能手机承载了越来越多的商业功能。所以，针对某些行业的专业服务开发，也成为了备受瞩目的移动互联网创业方向。例如，IPHONE 手机上的 Aurora Sound Studio 软件，针对人群是职业音乐人；安卓系统中的“金蝶协同”，则是一款主要提供工作流审批、企业通讯的软件，针对的市场是企业高端人士。

不过，相比较前五类产业而言，专业服务产业的市场应用较为狭窄，同时其开发难度也很大，对技术团队有着近乎苛刻的要求，所以目前来看，它虽然具有非常大的市场潜力，但尚未到完全成熟之际。因此，本书对这个领域将不会做太过深入的分析。

通过以上的六大产业，我们可以看到，移动互联网承载的产业主要有：沟通、信息、生活、娱乐、专业、交易、个性化定制等。而在这些产业中，既有大公司、大集团较为适合的项目，也有小公司、小团队甚至个人即可完成的项目。究竟哪一种适合您，又该如何操作才能做到尽善尽美？后面的章节，我们将根据规模、投入的不同，进行全方位的分析与指导。

颠覆传统，自时代的商业法则

这一章，我们对移动互联网时代的种种特点与发展趋势进行了全面的分析，从中可以看到——随着移动智能设备的普及率提升及硬件设备的性能提升，创业已呈现出便捷化、私人化、零碎化和细分化的特点。也许，凭借手机，你和你的七人团队，就可以拍摄出点击率高达1000万的视频短片；也许，凭借着你一个人的兴趣和坚持，以及移动社交应用APP的推广，你可以将自己的创意手工发明卖到全世界。

这个时代，大资本、大团队当然依旧是最闪亮的明星；但是，小型团队、个人公司，也将迅速分得财富世界的一杯羹。在细分领域，大公司是不屑，也很难完全进驻的，但小团队、小公司却船小好掉头，随时根据需求调整发展战略。

所以，一个更加简洁的词汇，在移动互联网创业年代，就显得非常精准——自时代。

什么是自时代，并没有官方的标准定义，但就目前来看，它具有这样的特点：能够借助移动互联网的各类APP（微信、微博、陌陌），传播自己的概念与新闻，让自我的价值不必借助传统渠道直达客户。无时间缝隙的传达，事件当事人的直接表述，这都是自时代的天然属性。

自时代给了我们自我宣传、自我推广的机会，但是想要抓住自时代的命门，却并不是那么简单。尤其在商业领域，必须洞悉其中的核心原则，方能做到有的放矢。本章的最后，我们就将针对这个问题进行展开。

消除中心化，人人都是“小媒体”

PC时代的商业模式，很重要的一点就是中心。也正是在那个时期，新浪、搜狐、网易等迅速崛起，奠定了其互联网大鳄的地位。可以说，当时所有的新闻来源，除去电视、报纸，几乎都被这几家网站所垄断。从社会新闻到文化新闻，中心大媒体无所不在。

此外，垂直类网站也是如此。淘宝、中关村在线等，它们也都牢牢控制着日用零售、3C 产品的消息源。

事实上，PC 时代中心化的模式，已经存在于世界上千年：在古代，当我们想要获知某个消息时，只能等待朝廷的颁布，然后在城门口的布告处获知；工业革命时期，报纸的大规模出现，使我们对于消息的获取有了一定的便捷性，但依旧需要被动地接受。PC 时代，同样延续着这样的模式。

然而，自时代却打破了这个框架。我们获取信息的途径，变得更加碎片化：微信朋友圈、微博、微信公众账号等，很多新闻来源已经不再局限于那些中心媒体。可以说，自时代给信息的传播与聚合，带来了颠覆性的改变，多元化日益呈现。

正因为如此，诸如百度、腾讯等，才会主动去除中心化，接连收购了一些优秀的 APP，向自媒体转变。

这种改变，会给我们带来怎样的思考？

我们可以根据自身的特点（品牌特质、产品特质），撰写最适合的新闻稿，并通过自己的平台进行发送，给客户带来最精准的报道；

在制定营销传播策略时，我们的策划方向不再只依靠记者的能力；

企业的内部框架也要进行调整，新媒体部的重要性大大提升。

这就是为什么，诸如苹果、小米这些新兴的科技公司，会大力推广自己的信息平台，而不是借助传统媒体进行新闻传播。就以小米为例，新的手机发布时间，新的手机配置详单，以及如何玩转其中的功能，我们都是通过小米的官方微博、微信等渠道获取，而不是等待着第二天才能出版的“手机信息报”之类。

中介化的落寞不可避免

所谓中介化，是我们很熟悉的一类网站：机票预订、美食预订、二手买卖、信息服务等等。正是因为中心化的消除，越来越多的酒店、二手商行、餐厅都有了自己的宣传渠道，可以直接推送给用户，所以，很多中介类的传统媒介自然失势。

笔者就是 7 天连锁酒店的用户，过去经常使用中介类网站进行预订。但是进入 2014 年后，笔者已经可以完全利用 APP 预订房间，如图 1–9 提供的各种功能一目了然，并且更便捷，折扣也更优惠，不再依赖中介类渠道。

事实上，中介化的剔除，早已在自时代开始。可以看这样一则新闻：

2006 年，中国的中介类信息网站多达 2000 家，其中以 58、赶集等为代表。在智能手机尚未发展之间，各家网站飞速发展，58、赶集也先后在美国上市。然而，随着移动互联网时代的到来，2000 家中介类信息网站最终剩下 200 家，并继续呈现倒闭的趋势。

这样的新闻，说明了什么问题？

中介类通常只提供信息，而不生产内容。当内容提供方可以借助手机直接提供信息之时，中介又有何实际意义？比如小米的销售，不再是传统的营销传播和分销渠道（包括线下中介和电商中介），几乎完全依靠其构建的网络社群来完成。

图1–9　7天连锁酒店APP页面

所以，给大家提醒：在自时代，做中介类产品是非常不理智的。我们不能把 PC 时代的思维，继续保留下来。

当然，并不是说中介必然死路一条，而是要避开那种大而全的思维。大而全的公司，就意味着效率低、反应迟钝。如果，你可以在某个小区域做出精准的中介 APP，同样也能取得很好的效果。例如各地都有的“×× 美食”微信账号，就经营得如火如荼。因为这类服务商足够精准和快速，并且提供能够直接服务该区域的内容，所以配合各自餐厅的宣传，达到了很好的效果。

可以说，消除中心化，导致了中介化的没落；中介化的持续没落，更加剔除中心化的影响。这是自时代商业法则最明显的两点。

体验，自时代的发展核心

用户体验，这是自时代最重要的关键词。无论小米科技的雷军、魅族科技的黄章、锤子科技的罗永浩，都会经常把这四个字挂在嘴上。因为，对于绝大多数产品而言，功能性我们早已熟知，而通过产品感受到的品牌友好度和情感，才是用户越来越关注的。

所以，小米的用户自称“米粉”，苹果的用户自称“果粉”，魅族的用户自称“煤油”，他们对自家的产品有着不可想象的忠诚度。

正因为如此，很多优秀的产品，无论虚拟还是实体，正是因为用户体验不好，尽管功能强大却依旧被迅速淘汰。诸如曾经优秀的摩托罗拉、黑莓等，价格的不友好，体验的不友好，都导致了它们的没落。

当然，这里说的体验，除了使用的方便性、互通性，还有设计的美感。摩托罗拉、黑莓从本质上来说，和苹果并无太大差异，但设计上脱离了时代，也是它们落寞的因素之一。移动互联网时代的特点就是——简约、快速，但摩托罗拉的产品设计依旧保持着有些落后的奢华，黑莓的设计则顽固地保留着全键盘，这都与目前的时代不符。而苹果的极简设计，很符合当下的审美，所以用户的体验自然非常优秀。

不要忽略用户体验，如果外形都不能够让人心动，那么即使性能再好，又怎么可能打动人心？

以上三点，正是自时代商业法则的三大核心。也许，你会觉得有一些过于理论化，但事实上如果不能理解这三个方面，那么无论手段多么丰富，都很难赢得用户的心。正所谓“没有革命纲领的斗争，必然是失败的，哪怕看起来如火如荼”。在下面的章节中，我们还将根据这三个理论，进行方法上的展开，这样才能真正实现手机掘金梦！

经典案例：墨迹天气的成功启示录

在智能手机大行其道的今天，有一款APP是伴随着移动互联网的雏形到成熟再到辉煌不断发展的。这款APP，就是我们最常见的生活服务类APP——墨迹天气。将种子种在移动互联网的土壤里，然后精心呵护，最终墨迹天气发展成为了移动互联网的明星产品之一。据统计，截至2014年6月，墨迹天气的装机量已经达到了2.4亿，几乎达到了“全民装机”的比例。

那么，墨迹天气是如何从移动互联网发展起来的呢？这样一个扎根于移动互联网的品牌，又会给我们带来怎样的启迪？

从塞班起步的小软件

对于塞班，相信很多诺基亚手机的用户并不陌生。在移动互联网大潮尚未完全到来之前，塞班系统可以说是半智能手机领域的霸主。不夸张地说，塞班系统是智能手机开始席卷全球的导火索。塞班系统提供了丰富的软件，例如手机QQ、UC浏览器等，这在塞班时代就已经诞生。正是通过塞班系统，我们发现了手机还有那么多的功能。当然，因为当时的手机尚未对配置有太高的要求，因此塞班系统尽管功能众多，但无法提供高质量的操作体验，同时限制颇多，因此它只能称得上是半智能系统。而在地球的另一边，一款名为黑莓的手机同样也开始了智能化的研发，但是因为它并没有进入中国市场，所以相比较塞班在中国的火热，它显得非常低调和落寞。

2008年，也就是塞班系统最为鼎盛的时期，一个名叫金犁的26岁年轻人，有了创业的冲动。那个时候，金犁还是一名塞班的工程师，闲暇之时他会凭借着过人的技术，偶尔写写代码，并且还曾拿过国际编程大赛的金奖。

身在手机行业的缘故，敏锐的金犁看到——随着手机的智能化不断提升，未来的市场热点一定会向手机转移。不过，因为父母、朋友的阻挠，他始终没有迈出创业的脚步。尽管他的妻子非常支持他，并且他也做了非常详尽的分析，包括自己的优势、劣势。

生日这天，金犁突然意识到，他不能再等了。很快，他找到了自己的方向：做天气预告应用。第二天，他便开始在小工作室里进行代码撰写，一直写到新年的凌晨三点。这期间，各路朋友的电话纷至沓来，有邀约唱歌的，有邀约喝酒的，但都被金犁回绝。

终于，在朋友们的一致看衰下，金犁写出了墨迹天气的DEMO。他拿给同样年轻的IT公司——友录在线的CTO姜洋。姜洋对这款软件非常喜爱，没想到金犁做出了这样一款使用度极高、界面也非常漂亮的软件。不过，金犁虽然兴奋，但依旧认为还有很多细节需要补充，因此继续改进。

到了2009年5月，墨迹天气的第一版正式发布，它的平台依旧是塞班。金犁开创的双重滑动版本是塞班系统前所未有的，因此受到了一致好评。仅仅在发布的第一天，凭借着业内大佬的推荐，从论坛等各种渠道的下载量就达到了2000多。也正是这个设计，给未来的安卓、苹果设计奠定了基础。凭借着极高的市场评价，墨迹天气发展迅速，支持的城市多达2000多个。

此时，金犁决定正式辞职，开始自己的全职创业之旅。他的老板很惊讶，甚至想要重点培养他，但金犁依旧决定自己创业。在感激老板的照顾之后，金犁终于开始了自己的创业之路。

墨迹天气的腾飞

2010年是智能手机大喷发的年头。随着塞班的快速衰落，安卓、苹果系统手机的高调入市，手机行业进入了全新的时代。而此时，金犁和两个大学同学在办公室里不断开发着自己的墨迹天气。那时候，金犁几乎没有休息时间，每天写代码到深夜。因为长期不活动，他的体重骤增20斤。

终于，在2010年5月，安卓版墨迹天气正式发布。此时，他们的团队仅有5个人，但他们都很看好智能手机在未来的发展，不仅是安卓，也包括苹果。但是，因为人手不足，他们只好先放弃苹果的市场。安卓版的墨迹天气一投入市场，立刻受到了用户和资本的双重青睐。很快，第一家投资商上门了，那就是大名鼎鼎的老虎地图。

老虎地图的合作目的很简单：在墨迹天气里推广老虎地图，用户成功下载后，墨迹天气可以获得分成。毕竟，天气与地图，这是结合很紧密的一对互补产品。与老虎地图的合作，让墨迹天气终于赚到了钱。

紧随而来的，则是更大的天使投资人和 VC 集团。2010 年，金犁与险峰华兴的陈科屹进行了商谈。陈科屹对墨迹天气非常感兴趣，二人经过一番讨价还价，墨迹天气获得了 250 万元的宝贵融资资金。

有了资金投入，墨迹天气进入了快速发展时期。2011 年，墨迹天气拿到了盛大的千万元人民币投资；2012 年，他们又拿下了第三轮融资，这其中就有大名鼎鼎的创新工场创始人李开复。对于这款软件，李开复毫不犹豫地进行了投资。他知道，未来的移动互联网领域将会更加侧重生活化，因此，作为生活实用工具的墨迹天气，必然会发挥更大的作用。

李开复曾这样评价墨迹天气和金犁：“金犁的品质不错，和他交流的时候，我可以感觉到他的自信和对产品的热情，以及对产品深度的了解。每个我刚才讲的品质，他都符合。他会带团队去户外活动，很少有创业者会花这个心思。”

这一年，墨迹天气的装机量已经突破一亿。

功能的转型：从推送到互动

如今，当我们打开墨迹天气，除了查看天气情况，还可以通过“实景天气”与众多的网友进行互动。这么做的目的，正是因为金犁敏锐地捕捉到：随着智能手机的发展，在信息查阅的基础之上，互动交流越来越成为移动互联网的发展趋势。因此，实景天气、热门图片等等，这些功能也随着墨迹天气的新版本推出不断上线。

“墨迹不仅仅是一个打开看一下的天气软件，未来它可以有更多的功能。我们认为，它可以发展成强大的工具。”

这不仅仅是金犁的个人想法，更是众多投资人和墨迹天气团队的构想。让墨迹天气拥有社交化的功能，这是当智能手机的普及率越来越高时，必然要进行的转型之路。智能手机提供了丰富的功能和强劲的社交属性，如果不在这个领域大做文章，那么未来势必会被潮流所淘汰。

对于实景天气，金犁有着非常大的期待：“这个功能的愿景是让人类实时地看到各地的真实天气状况。通过实景天气，用户可以看到全国各个地方的实时天气是什么样子。比如用户很想家的时候，就可以通过墨迹天气找到自己的家乡看一下。用户有足够的理由去用我们的产品。”

为了让墨迹天气的互动性更强，2012 年年底，墨迹天气与运动品牌大鳄——阿迪达斯签订了商业合作计划，将阿迪达斯的代言人姚晨、阮经天等形象通过穿衣指数、运动指数等进行品牌展示。一方面，是为了拓展墨迹天气的商业模式；另一方面，也是为了借助明星的影响力，吸引他们的粉丝群加深与墨迹天气的互动。

对于未来，金犁有着这样的设想：让墨迹天气成为国内最优秀的生活软件服务提供商。金犁说：“对于移动互联网，停滞不前吃老本是最可怕的。稳扎稳打，分析潮流走向不断创新，这是在移动互联网时代创业必须拥有的基因。”

墨迹目前的成功和转型经历，对无数移动互联网的创业者来说都是一个很好的参考样本。将产品做到极致，给用户带来最佳的体验，这是立足移动互联网的根本；提供最为实用的服务内容，这是留住客户的关键。而在此基础之上，能够稳得住焦躁的情绪，不断根据移动互联网的变化和市场受众群的变化，对产品进行调整和创新，这是品牌能否走得长远的核心。移动互联网时代瞬息万变，唯有不断发展，才能把握住这轮财富机遇。

第二章 O2O：移动互联网时代的全新法则

O2O，这是一个新鲜的名词；但随着移动互联网的快速发展，这个看似新鲜的名词，早已成为商界红海。有人说，不懂O2O模式，你就将无法玩转移动互联网时代。这句话绝非夸张，否则大到京东、苏宁，小到一家火锅店、奶茶店，就不会如此“兴师动众”地进军O2O。赶紧掌握有关O2O的相应知识和相关技巧吧，这样我们才能立于移动互联网时代的不败之地！

O2O，开启移动互联网的全新模式

O2O，在进入 2015 年之后，这个词越来越多地出现于各种场合中，哪怕只是一家小小的饭馆。而对于高大上的银行来说，这个词汇的出现频率则显得更高。可以说，几乎所有的产业，都进入了一个名为“O2O 模式”的时代。

为什么，这样一个名词，会造就一场让人惊讶的舆论声势？究竟，这是怎样的一种商业模式，我们又该如何操作，方能借助移动互联网创造财富奇迹？

新鲜，又不新鲜：O2O 的前世今生

在正式开始讨论 O2O 之前，首先，我们要了解什么才是真正的 O2O。

所谓 O2O（online to offline），是指将线下的商务机会与互联网结合，让互联网成为线下交易的平台。这个概念早在多年前就已诞生，但随着移动互联网时代的到来，它才呈现出井喷的态势。例如，我们在 PC 时代就已经很熟悉的团购模式，在一定意义上就是 O2O。在 O2O 网站上，只要网站与商家持续合作，我们就可以通过网站进行购买。

举一个简单的例子，看电影。我们通过团购网站选择想去的电影院，然后进行在线支付，然后凭收到短信中的号码或二维码换票，就可以进场看电影了。这就是标准的 O2O 模式。

不过，需要注意的是，团购网上的很多商家并没有实体店，并且提供的项目也都以虚拟为主，所有消费都存在于互联网之上，例如手机充值、游戏点卡购买等，这就不属于 O2O。充其量，它们只能称为线上服务。

从购买电影票这件事我们可以看到：O2O 的核心在于在线支付，一旦没有在线支付功能，那就不是真正的 O2O。也就是说，我们经常在新浪微博、微信上看到的诸如“×× 品牌推出大型活动，转发该微博可在实体店铺获赠

××商品一套”，或是“与产品合影，转发朋友圈即可享受5元现金返还”之类的内容，这只是借助移动互联网进行的线上推广，而不是O2O。将线上变成我们的一个直接支付与消费的渠道，让线上与线下形成无缝对接，这才是O2O的核心。

国内以团购网站为代表，而国外市场，以戴尔为主的企业，也早已开始了这方面的探索。我们可以回忆一下，十年前的戴尔是怎样一种模式？2005年左右，当其他的笔记本厂商采用实体店面销售的模式时，戴尔却推出了“线下体验＋线上选配订购＋线下提货”的模式。消费者可以先期在线下体验店感受戴尔的笔记本操作，然后通过官方网站确认自己想要的型号、配置，继而进行付费。当戴尔官方根据订单配置将机器装配完成发送至体验店，我们再前往体验店提货。

正是这种模式的采用，让戴尔在那些年迅速受到了不少年轻消费者的青睐。互联网操作＋定制化服务，是戴尔一次全新的探索。只是，当时O2O这个词还没有正式诞生罢了。如图2-1所示，至今戴尔依旧保留着线上预订的渠道。

图2-1　戴尔在线定制

那么，为什么到了2014、2015年度，O2O模式能够迅速受到各个商家的认同和青睐？这主要是由以下几点造成的：

1. 新概念的炒作

无可否认，O2O事实上早已开始了探索，只是在移动互联网时代，这个模式才更加展示出其优势，所以对于这种新概念，各大商业公司自然而然就要大肆炒作。想想看，B2B、B2C这些模式，是否也曾经非常受瞩目？新模式必然会带来新的刺激，加上这种模式容易吸引资本，所以必然成为商业市场的热点。

2. 消费意识的改变

目前，70后、80后、90后甚至00后，已经成为市场消费的主力军。而这几个年龄层人群的特点就是：对互联网非常熟悉，尤其是对移动互联网。智能手机的应用，社交网络的互动，全新的生活模式，也让绝大多数人的消费意识产生了改变。

进入21世纪之后，越来越多的消费者，开始喜欢网购的模式；而当这种模式再次进化，尤其是到了2014、2015年时，人们需要的已经不再是简单的网购，而是希望能够通过更多渠道的互联网购物，让整个消费过程变得更有趣。他们希望，品牌可以提供线上线下一致的体验服务——既可以线下逛逛，也可以线上购买，这样的组合模式，正是当今所流行和倡导的。例如线下体验店、线上抢单、送货上门等等服务，正是伴随着消费意识的改变出现的，这给了O2O模式爆发的机遇。

3. 成本的降低

概念的炒作，给了O2O市场潜力；消费模式的改变，让O2O有了爆发的资本；而成本的直接降低，则是O2O能够火爆的关键。我们已经了解到，O2O并非单纯的互联网经济，它有一个很重要的环节就是线下，即实体店。而通过互联网，商家可以轻松建立与消费者直接沟通、交易的桥梁，打破了信息不对称的弱点，自然能给消费者带来第一手的咨询和消费。尤其对于酒店、餐饮、娱乐、票务、零售等，O2O会带来更好的体验。

并且，商家可以降低其他渠道的宣传费用，而消费者也能够获得更多的折扣，这样的成本降低是双向的——交流与交易成本共同降低，这是商家与消费者都期望看到的，自然备受市场欢迎。

4. 智能手机的快速普及

智能手机的快速普及，则是 O2O 能够点燃市场的核心。任何一种商业模式如果不能结合实际，那么无论理论多优秀，也不可能得到市场青睐。O2O 也是一样，正是随着移动互联网时代的到来，人们使用互联网的频率越来越高，仅需一部能够上网的智能手机就可以轻松获取世界上的所有咨询，这才使 O2O 模式中的线上环节有了用武之地。没有场地、时间的局限，只要有需求，掏出手机轻松点击即可下单，然后到实体店面进行消费，这才是 O2O 模式能够风靡中国的最核心所在。

除此之外，二维码的横空出世，也给了打通线上线下非常大的便捷，所以，O2O 模式风起云涌。

模式大 PK：O2O 究竟带来了什么

O2O 模式给了移动互联网时代创业者全新的机遇，但是一些人依然有疑问：“O2O 模式和之前所说的 B2C/B2B 等模式有什么区别？这么多的商业名词，看得我早已头晕目眩！”

是的，越来越多的英式商业名词充斥着市场，这给很多创业者，尤其是文化水平有限的创业者带来了不小的困惑。

事实上，这种困惑的原因，并非是我们的知识储备不够，而是被很多所谓“财经专家”的故弄玄虚给绕晕了罢了。现在，我们用最简洁的语言，来阐述一下 O2O 与其他模式的区别。

所谓 B2B，就是商家与商家之间的合作。例如，阿里巴巴、慧聪等网站，就是 B2B 的典型。阿里巴巴上的商户，都是商业公司，而在阿里巴巴购物的也基本上以公司为主，他们通过阿里巴巴进货，再批发给下面的代理。

所谓 B2C，就是商家与个人之间的合作，这一点天猫网、京东等就是典型。天猫的店铺都是公司性质，京东也是公司性质，而前来购物的用户大多为个人消费者。公司对个人，这是 B2C 的核心。

所谓C2C，则是个人与个人之间的合作，淘宝网正是这种模式的体现。淘宝网店都是由个人开设，很少有公司行为，而购买者也都是个人消费者，这就是C2C模式。

怎么样，通过这种最通俗易懂的解释，你是否已经了解到这些模式的特点？

对比O2O，我们已经发现：O2O与B2B、B2C等，是截然不同的两个概念。B2B等模式，是纯粹的商业模式，并不考虑业务市场，仅仅是一种流通环节的概念；而O2O不仅是商业模式，更是业务模式，它直接关注着我们的销售市场。

O2O带给商家的，是更加市场化的模式——我们该如何进行移动互联网的搭建，如何吸引消费者直接通过智能手机付费？而我们的实体店面，又如何吸引消费者关注线上信息，尽可能通过移动互联网进行消费？

由此可见，O2O与B2C之类的模式，是有根本区别的。对于我们手机创业的人来说，O2O显然才是最值得关注的，它决定了我们能否利用智能手机赢得市场、赢得消费者。而对于B2C之类的概念，我们只需简单了解即可，无论我们的产品是销售给企业还是个人，无论我们的事业是公司性质还是个人行为，这对我们最直接的目的——创造财富而言，又有什么影响呢？

从宏观来说，O2O模式要做的，是充分挖掘线下资源，利用大数据统计消费行为，提供便捷的、个性化的服务，从而促进电子商务的多元发展，这显然才是移动互联网经济发展的大势所趋。

O2O模式“心经”：线上线下大融合

我们已经了解了O2O模式的特点与优点，接下来要做的就是打造属于自己的O2O平台。从宏观上看，移动互联网时代的商业模式，主要由线上、线下两部分构成，O2O 也是一样。所以，如何建立线上和线下团队，成为打造 O2O 平台的关键。

O2O 组合拳之打造线上平台

O2O 是一种完善的商业模式，而它的具体操作方法却有很多。从线上平台来看，我们既可以独立建设 APP 软件，也可以借助微信、微博平台，还可以利用其他平台如团购、购物 APP 等。如果有条件，我们应该多渠道进行拓展，微信、微博、团购等共同组合，满足不同的消费者，打造一个完整的线上平台。

当然，对于新品牌来说，直接打造独立线上平台，这需要承受很大的资金压力，因此一开始不妨借助第三方平台进行 O2O 打造。团购 APP 本身就具有支付功能，进驻其中顺风顺水；新浪微博、微信也逐步开放了支付应用，因此也可以大大利用。当我们借助这样的第三方平台打开市场热度时，再进行独立 APP 开发，这样就会大大提升我们的线上平台运作经验。

无论我们采取哪种模式，对于线上平台的打造，应当遵循以下几个原则：

1. 确定有相应的购买按钮

O2O 的线上平台，最重要的一点就是进行销售。所以，无论是新浪微博、微信还是独立 APP，在每一款产品的页面之中，我们都应该在醒目的位置，增加相应的“一键购买”按钮，并且可以跳转至相应的信息填写页面。这样，我们的 O2O 模式线上部分才是有效的。如果仅仅只是产品展示不提供购买环节，依旧需要消费者进行线下支付，那么 O2O 的优点就不能完全发挥。这一点，是很多中小品牌都容易出现的失误，必须引起注意。

即便我们在诸如新浪微博、微信平台上还没有正式开通“一键购买”的服务，也应该增加相应的链接，可以让消费者通过链接的点击，跳转至可以进行线上购买的页面。

2. 内容设计适合营销

当然，只有干巴巴的“一键购买”，是不足以支撑 O2O 发展的。线上 O2O 平台的一个重要作用，就是进行营销展示、消费引导，所以对于页面设计，要应用相应的营销策略，以此吸引消费者。例如我们想要购买一款茶叶，然后又在页面上消费了与之相关的茶具等，这就说明这是一个较成功的线上营销模式。

文案同样是线上平台的重要组成部分。根据浏览者浏览文字的习惯及思维方式，顺势进行引导，这同样对成交起到了至关重要的作用。微博上，一些中小商家就利用这一点，取得了很好的客户反馈。想要做到这一点，需要我们的编辑人员具有很强的联想思维，能够从不同角度揣摩消费者心理，促成最后成交。

3. 做足互动交流

在我们的社交媒体上，还应该经常与粉丝进行互动。互动模式可以有很多，照片、视频、GIF 等等，让品牌的多样化更加凸显。还可以分享一些线上商店和线下实体店里发生的故事，也可以对线上商店和线下实体店的销售情况进行讨论，这样可以引起人们的注意，你的产品和服务也能有更多机遇。如图 2–2 所示，《科幻世界》杂志就与用户做到了很好的互动。

4. 手机 APP 开发技术要有保障

我们将 APP 开发技术放到了最后，但不等于这不重要。事实上，一款 APP、微信公众平台能否得到消费者的青睐，除了内容之外，是否有便捷的操作模式、安全的支付模式、有保障的后台安全系统，都是不可或缺的环节。而这一切，都需要专业技术来做保证，随便找一家手机软件开发公司，是完全不能符合要求的。

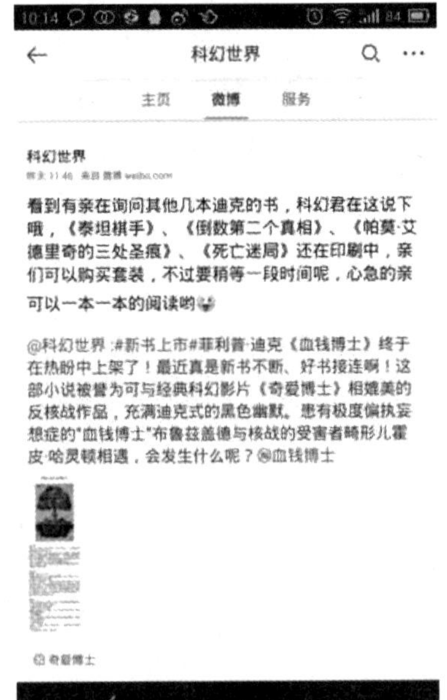

图2–2 《科幻世界》杂志微博

此外，我们还要考虑到未来的可拓展性。所以，在建立线上平台之时，我们需要多考察几家相关的制作公司，尽可能选择有经验、团队完整的公司进行合作。

当然，除了以上四点之外，还有很多

O2O 平台有自己的相应规则，我们应该在遵循规则的基础之上开发线上模式的丰富性和互动性，以此提高客户关注度。

O2O 组合拳之打造线下平台

说完线上平台，接下来我们来看看线下平台方面。也许，我们的产品有的可以直接消费，有的是定制消费，还有的则是送货上门消费，不同的线下模式，我们都应该抓住重点，做好线下体验。

1. 建立线下体验店

对于越来越多的 90 后而言，其创业方向越来越朝着个性化和定制化服务发展，很多产品也许只是小批量生产，满足的也只是一部分人的需求。对于这类服务，我们就应该在线上凸显个性的同时，在线下凸显体验。例如：

如果你做的是个性手工陶瓷，能否在充满艺术气质的街区建一家小店，以此来展示你的小工艺品？

如果你是一名手工 DIY 耳机达人，能否在所在城市的电脑、音响城，开设一家耳机俱乐部，提供自己的 DIY 耳机试听，以及用户交流？

……

总之，对于充满个性化的产品，在进行 O2O 平台打造之时，线下体验是一个不可或缺的环节。这个体验店可以很小，可以仅仅花费很低的成本，甚至完全没有销售，但是却能给消费者带来最直接的产品感受。

2. 实体店内有线上的展示

对于拥有实体店的品牌来说，实体店内就要有一定的展示，将线上平台告知给用户，尤其是初次来的用户。展示的方法可以有很多，例如 X 展架、主题海报等等，将线上平台的服务内容和亮点，尽可能丰富地加以说明。如果我们的产品为自主研发，那么在包装盒、包装袋上，就更应该有所体现。尤其对于线上平台的登录途径——二维码，一定要做清晰说明。

除了画面展示，我们还应该培养销售员对于线上平台加以口头说明。告知用户线上平台的优点，并引导客户进行登录或关注，这都是必需的工作。

3. 打造极致配送体验

如果我们的店铺提供配送服务，例如餐饮、小饰品类，那么就应该打造极致配送体验服务。传统的配送，送货员只负责将产品送到客户手中即可，不会与顾客交谈沟通感情，只求赶快送完货处理下一单。但对于 O2O 而言，这显然不足，因为线下同样是 O2O 的重要组成部分。

那么，什么是极致体验？首先，装订单商品的应当是透明塑料盒之类，商品摆放整齐。在包装盒上，可以印制店铺的 LOGO 和微信、微博信息。同时，配送员应当身穿与品牌相同的服饰，做到热情礼貌。如果客户订购的产品较为特殊，还应该围绕产品做一些温馨提示，例如美食类是否需要再次加热，这款美食每周品尝多少次适宜。如果是鸭脖、鸡翅类快餐品，还应该主动提供一次性手套等，让客户感受到被重视，这样在线上产生的好感，才能进一步延伸至线下。

打通线上线下的“任督二脉”

两个 O，代表了线上与线下，而中间的 2（to），正是线上与线下之间的链接。很多人在操作自己的 O2O 时，总是陷入这样的怪圈：线上与线下完全割裂。当我们进行了线上支付，却在线下感受不到线上的魅力，久而久之，线上仅仅成了广告，完全丧失了 O2O 的功能。

所以说，建立线上与线下很简单，但是，如何打通二者的关联，则是关系 O2O 能否完美运转的核心。通常来说，以下这几个细节点，我们必须特别注意：

1. 线上不能脱离线下

这里所说的“不脱离”，更侧重于产品本身。无论如何，产品才是真正赢得消费者口碑的“实物”，所有的线上宣传是否精准、支付模式是否便捷，最终的目的还是要吸引客户在线下真实感受“实物”——既可以是美食，也可以是鞋帽或 3C 制品。

如果客户在线下收到产品后感到的是言过其实，他为什么还要再登录我们的线上品牌呢？所以，想要打造一个完整且完善的 O2O 系统，产品是关键中的关键，不做一锤子买卖，这样我们才能留住消费者，积累老客户。

2. 强化与用户的线下互动体验

为什么 PC 时代，O2O 没有取得很好的效果？关键在于计算机的便携性与实用性完全不及智能手机。移动互联网时代，我们走进线下店铺，即可轻松与门店进行多种互动，如二维码扫描、微信店铺评价等等，这造就了移动互联网时代的 O2O 大喷发。

所以，围绕着智能手机，我们就要让用户的线下互动体验得到提升。例如，可以在店铺内直接扫描某一款特定海报的二维码，从而享受优惠服务；或是提供预约上门试穿服务，如果尺寸合适，导购可以通过平板电脑发送购买建议；甚至还可以直接扫描产品的二维码进行购买，客户不必与实体店铺的导购进行太过繁琐的交流，产品即可按客户要求的时间送至收货地点。做好这些线下的互动细节，线上的推广才有意义。

除了店内移动支付、线上订购门店提货服务，建立客户忠诚计划、会员购物虚拟币反馈计划等，这些都是我们在做线下线上结合时需要格外注意的。唯有如此，我们才能实现线上购买和线下体验真正落地，从而打造 O2O 的闭环。

消费体验：做好 O2O 的核心关键词

想要做好 O2O，最重要的环节在哪里？当然是消费者。消费者作为市场的终端，一个产品、一个项目、一个公司的好坏，自然是由他们所决定的。所以，我们在开展 O2O 项目时，必然也要将落脚点放在消费者上。

那么，我们该从哪些角度把握消费者的心理体验，从而做好 O2O 模式呢？

情感诉求：刺激消费者的精神味蕾

消费者想要购买一款产品是因为有需求。所以，在线上内容开始投放之时，我们就要想到——我们这款产品究竟能给消费者带来什么？我们的受众群是哪些，他们的心理诉求究竟是什么？

图2–3　锤子手机宣传图

图 2–3 是锤子手机的官方图片，相信关注手机行业的读者，不会对这款由罗永浩开发的手机陌生。可以说，从 2014 年下半年开始，锤子手机在手机界掀起了轩然大波，虽然批评者有之，但购买者依旧趋之若鹜。而通过这样的宣传图，我们恰恰可以发掘出消费者的情感诉求：

1. 知道消费者的风格是什么

锤子手机的粉丝，首先都有一定的个性，不喜欢随波逐流，对于喜爱的产品而言，他们对工业设计有着非常高的追求。通过观察锤子手机官网界面就可以发现——极简风格、色彩简约，这是它的突出特质。这与其他一些公司的线上平台大不相同——没有那么多的装饰点缀，没有那么多的色彩搭配，特立独行的气质呼之欲出。

线上平台的风格，与锤子手机本身的风格相呼应，共同打造出科技感和独立感，所以，当那些热衷于独立精神的消费者看到这样的线上平台时，首先就拉近了与自己的距离，购买欲大大提升。

2. 知道消费者想要的是什么

锤子手机的消费者最渴望的是什么？自然是科技感。区别于小米手机的年轻时尚感，锤子手机消费群体带有一定的精英气质，它们会关注一款产品的工业设计、系统设计等，所以，锤子手机的线上平台，就根据消费者的这一诉求大做文章，如“一切的配置都是一流的”，全面解析音频能力、拍摄能力等，就是为了让消费者感受到科技的魅力。

锤子手机是一个参考，事实上，只要我们能够知道消费者的风格是什么，知道消费者想要的是什么，那么在构建平台时就会得心应手。例如，你的线上平台针对的是学生，那么什么是关键词？时尚、价廉——这时候我们就需要针对这样的情感诉求进行页面设置、文案撰写等；当你的线上平台针对的是白领一族时，那么什么是关键词？很显然，我们能够联想到品位、格调，这就使页面设置和文案撰写有了足够的内容可供参考。

体验，不只是一个名词

O2O 的线上平台，绝不仅仅只是一个购买平台。它应当有互动的功能：让消费者参与其中，甚至进行产品开发。比如亲自体验、参与到一些商家的营销环节当中，这样消费者就能关注自己的消费过程，更加对品牌产生信赖。

毫无疑问，这方面的成功品牌自然就是小米手机。事实上，小米手机的崛起，正是凭借着消费者的互动参与：UI 建议、自主主题、官方未匹配手机刷机包、功能建议等，每一代的 MIUI 系统，都有着粉丝的积极推动。而 MIUI 系统作为小米手机的核心，自然能够在粉丝的引领下，将小米手机的销量大大提升。

小米手机的线上平台，已经不简简单单地是一个购买平台，而是一个网友互动、设计交流的平台。

那么，小米给我们带来了怎样的启迪？

1. 创造开放平台，让消费者可以参与

如果你的品牌是餐饮品牌，那么能否在手机端开放一个美食上传功能，让消费者将自己喜爱的佳肴进行展示？

如果你的品牌是服装品牌，能否邀请相关消费者在购买后进行拍照上传，展示自我风采？

这样的发散思维还有很多，只要我们能够让消费者加入到我们的品牌之中，觉得“我也是这个品牌的一分子”，那么不用过多地宣传，粉丝群就可以呈现递增态势。

2. 如果可能，进行更深入的开发

MIUI 的成功，在于用户可以成为产品设计的一分子。所以，如果我们也可以开放部分权限，允许消费者进行深入开发，那么将会产生更大的吸引力。例如对于定制产品（马克杯、T 恤衫等），在用户保证版权的基础之上，允许他们对图案进行创造、加工，并选取受欢迎度高的直接开发销售渠道，并给予设计者相应的奖励，那么消费者与品牌的黏合度，将会大大提升。

无个性化，不 O2O

什么是个性化？事实上这与第一条的情感诉求有一定的相似性：找到受众群的核心诉求，与其他品牌进行差异化宣传。不过，第一条主要侧重于产品本身，而这里的个性化则囊括了更多——不仅只是产品品质，还有品牌文化、服务文化等。

依旧从锤子手机与小米手机来看：锤子手机的个性化就是——情怀，工匠精神；小米手机的个性化就是——自我定制，宣泄青春。在推广之时，这两个环节，也正是这两家品牌不断做文章的地方。

那么，在其他领域，我们该设计怎样的个性化内容？首先，我们要遵循以下两点：

1. 从创始人的身上挖掘

锤子手机的情怀，小米手机的定制，从根本上来说都是从创始人罗永浩与雷军自身的特质中挖掘出的，所以，当我们打造个性品牌时，不妨从创始

人身上寻找闪光点。例如，如果你是一个思维活跃、动手能力超强的人，那么不妨打造 DIY 文化；如果你是一名务实、不爱说话的人，那么不妨打造低调文化；如果你是一个喜欢倾听的人，那么不妨打造圆桌文化（即网友共同开发）。当你能够将自己的特质融入品牌时，线上平台就有了一个基准，可以围绕着这一特质大做文章。

2. 切勿不切实际

个性化不等于不着边际化。如果我们没有明显的特质，就不要刻意从自身挖掘气质，否则就会不切实际，无法掌控线上平台的梳理与设定。就像你不似罗永浩那样的人，却刻意要做情怀，那么只能贻笑大方——罗永浩的情怀来源于知识储备和做事风格，一味强求只能弄巧成拙。

所以，我们不妨从产品本身入手，例如产品的价格合理、设计感突出等，这同样是打造个性化的渠道；甚至我们的客服反馈机制完善，可以迅速与客户沟通，也是开发个性化的方向。总之，做到有的放矢、言之有物，这才是内容个性化开发的原则。

美感：线下平台的关键词

线上平台，我们做到了足够的美感，接下来，就要考虑线下平台的美感。这里所说的，既包括产品设计，也包括服务、店面环境等等。这些必须做到与线上平台相匹配，否则就会给消费者带来太大的落差。就像苹果手机，论配置它与很多手机不能相比；论价格，它也一直都是高端价格，可是正是因为极佳的产品设计，使其一直能够引领潮流。

实体店铺也是如此，即便是一家小小的玩偶店，如果你的店铺内设计搭配合理，线上平台的主推产品同样在实体店铺的推荐位置，同样也可以让消费者感受到线上线下一体化，从而打造完整的 O2O 闭环。

尤其对于营销人员来说，对于其 O2O 模式的培训更应该同步进行。如何登录品牌的线上平台，又如何通过手机进行下单和信息填写，不是所有用户都对这些非常精通，这时候，我们的销售人员就应当帮助用户解决相应的问题，这样用户才能对品牌产生亲近感，从而愿意渐渐尝试线上平台的操作与使用。

营销有思路，O2O 策略需精准

O2O 不同于单纯的实体店或电商平台，它呈现出更大的机动性、灵活性以及复杂性。机动性和灵活性在于：用户通过智能手机下单，然后到店内取货或享受服务，这其中用户的消费很受主观因素影响，也许是下单当时，也许是下单三天后再来享受服务；而它的复杂性则在于既要做好线下实体店的服务，又要做好线上的服务，工作量自然比传统商业要大不少。

因此，为了做好 O2O 模式，我们就要找到适用于 O2O 的营销策略。

探寻 O2O 模式的营销特点

O2O 模式的营销特点，主要集中于三个领域：商家、用户和平台。找到这三个方向的不同特点，我们才能制定准确的营销方案。

1. 商家

对于商家自身而言，O2O 的特点在于：

线上线下的宣传相配合，既可以引导消费者在线上消费，同时也能反哺更多的新客户走进店内消费；

线上的交易呈现电子化，效果可查阅，交易可跟踪；

能够有效利用电子模式进行销售、预订，从而降低运营成本；

可以通过线上平台的互动版块，更加轻松获悉消费者的需求；

当线上交易达到一定规模时，形成强大的互联网口碑，这时线下店铺的地段依赖就能大大降低，从而减少租金压力；

线上平台多数都有“一键分享”功能，即便没有购买，用户也可以将其分享至新浪微博或微信，而对于粉丝而言，更会进行展示和讨论，如果官方社交账号能够进一步与用户进行互动，就会快速形成话题，有助于口碑传播，至于如何利用这种模式进行互动，我们将在第四章中进行深入讨论。

新品上市之时，能够借助移动互联网的便捷性快速传播，从更直接的用户反馈之中，加速品牌产品的更新速度。

2. 用户

对于用户而言，O2O带来的优势也是非常明显的。

首先，可以满足消费者轻松购物的心理。只需拿出手机轻松一点，想要的产品或服务即可直接拥有。

其次，获得更大的优惠。通常来说，线上平台的价格与线下实体店的价格相同，但为了推介线上平台，绝大多数品牌都会针对线上平台提供一定的附加服务，例如电子代金券、延长保修服务等。

再次，因为线上平台的数字化处理，用户将会获得比线下更为丰富的产品浏览、服务选择等，降低在线下实体店的滞留时间。

此外，很多公司的线上平台还开通有用户购买展示、用户交流频道等，满足如今移动互联网社交的心理。

最后，可以通过线上平台的咨询窗口迅速进行相关咨询，不必亲自走到店内，大大节省时间。

3. 平台自身

对于平台自身而言，在营销中它也有自己的特色：

如果设置得当，同时话题丰富，更新及时，那么就能给用户带来非常完善的服务，从而大大提升用户的黏合度；

除了自身产品、服务销售的盈利，还能介入适合品牌的广告，拓展盈利模式；

让线上、线下成为互补，线上的展示更为丰富，线下的直接体验更为高效，从而使线上、线下平台成为不可分割的互动体。

O2O的营销模式面面观

了解了O2O三个方面的不同特质，接下来，我们就要据此找到适合的营销模式。O2O营销的一个关键点在于打通线下与线上之间的连接，让二者形成一个完整的统一体。如果二者是割裂的，线上只做自己的线上，线下只做自己的线下，那么就谈不上 O2O。

所以，O2O 营销模式的一个关键点就在于：打通线上与线下，让平台发挥各自不同的作用，形成互补效应和协作关系，让客户不断地乐于往返于线上与线下。

认识到这个基本原则，接下来我们的具体营销模式，都要围绕着这一原则进行开发。通常来说，O2O 的营销模式主要集中于这几种：

1. 线上预订，线下消费

这种模式，主要适用于必须线下消费的领域，如餐饮业、酒店业等。对于这类企业，我们的线上平台就应该大大提升优惠和促销力度，例如线上预订即可附送秘制饮料、精心早餐等，这样用户就愿意拿出手机进行预订。

2. 线上消费，线下体验

这种模式，主要适用于纯粹的电商品牌，例如京东、当当等。当我们的品牌也是如此，线下并没有直接销售渠道时，就应该建立线下体验店，让消费者可以先在体验店直接感受产品，然后通过线下的宣传，到线上进行预订。

因为这个模式的特点，是将线下流量引至线上，所以我们的线下体验店要尽可能丰富，营销人员不仅需要解答相关产品细节，还应该帮助用户进行线上消费，这样才能让这个营销模式更受青睐。

3. 线上线下共同消费

国美、苏宁等传统家电品牌，就是线上线下共同消费的新派 O2O 体系。如果我们也是这种模式，在线上、线下都可以消费，那么就应该制定有所区分的优惠和促销模式，既可以满足老顾客走进实体店消费的心愿，也可以满足新用户线上购买的欲望。当然，在两套不同的优惠促销活动中，我们还应注意将二者进行一定关联，例如：线下购买后登录移动互联网，可再享受返现；线上购买后走进实体店，可凭借购买凭证再享受附加服务。这样，线上与线下用户都能感受到 O2O 模式的魅力，渐渐就会让线上、线下都能够发挥应有的优势。如图 2–4 所示，就是这种模式的尝试。

当然，因为 O2O 是一个庞大的商业模式，传统餐饮、零售既可以实操，新兴3C、虚拟产品也可以进军，所以我们无法根据每一个行业，展开完全细致的分析与建议。但是，只要我们把握好原则和这几个模式，那么无论是经营哪一种领域，都可以将O2O的威力发挥至最大。

以下三个关键环节，就是达到目的的核心：

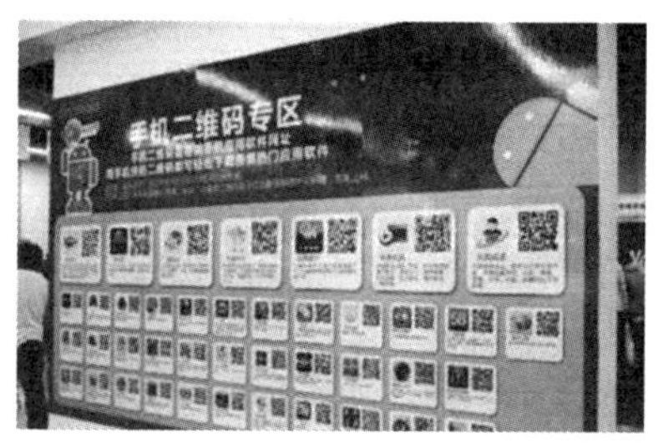

图2-4　手机二维码专区

产品、服务具有极高的吸引力，能够给客户带来真正的实惠；

有限时限用的电子优惠券，吸引用户登录线上平台下载并使用；

长期通过线上平台预订可积分累计，从而享受更高的折扣、更多的服务。

当这三个方面我们都能不断完善，品牌就可以在线上被广泛传播，诱发智能手机用户主动分享，产生口碑效应，从而刺激用户不断在线上和线下之间消费。

这些硬件，是O2O营销的必备

想要做好O2O服务，不仅需要移动互联网思维，同时还需要相关硬件的支持。不要小看这些硬件，它们似乎毫不起眼，但却是打通线上与线下的关键：

1. 免费WIFI

有一句戏言：移动互联网时代，比金子还贵的是流量。如果用户身在你的实体店中，你渴望用户可以登录线上平台进行支付，那么没有免费WIFI怎么可以？要知道，智能手机用户非常在意流量的使用，尤其对于图片多、需要下载APP的品牌而言，冒着可能产生大量流量费的风险去购买，简直是天方夜谭！

所以，我们就应该在实体店内建设免费WIFI系统，并将WIFI账号、密码公布至明显的位置，让客户一走进店内即可登录，这样既可以满足客户线上购买的欲望，也可以提升客户对于品牌的好感。

2. 二维码

二维码有什么作用？它既可以满足客户下载APP、关注微信和微博的目的，也可以实现直接消费。可以说，二维码真正实现了打通线上、线下的目的。所以，在海报上增添店铺二维码，在重点商品标签上增添直接付费二维码，就能达到“客户轻松扫一扫，线上支付即成交”的目的。

当然，二维码的应用也是一门大学问。在随后的章节中，我们还将针对二维码展开更加细致的分析。

四两拨千斤，化解 O2O 模式的危机

移动互联网时代，O2O 给了我们全新的商业模式。不仅对于大型商业公司，即使是小型公司乃至个人公司，都可以利用这种模式迅速建立自己的粉丝群。但是，O2O 真的是万能的吗？“一招鲜，吃遍天”能否行走于变化日益增快的商业时代？

当然不！事实上，O2O 也有自己的危机。找到这些危机，并解决这些危机，我们才能将这个 O2O 模式的功力运用到最强。

O2O 不是神，也有阿喀琉斯之踵

我们已经了解到，O2O 的核心在于线上与线下相结合。与传统商业相比，这种模式显然更丰富；但也正是因为丰富，它所牵涉的环节更多，这就导致隐患增加。具体而言，O2O 的不完美主要集中于以下几点：

1. 线下的要求过高

O2O 的模式关键点在于：通过移动互联网平台吸引消费者。真正的服务，依旧在线下。线上服务我们只需做好推广、付费模式即可，它主要侧重于虚拟领域，一个优秀的推广师加几名执行美编人员就可完成相关工作，但线下却不同。

如果我们的线上宣传非常优秀，那么线下服务就必须能媲美；如果在线

上推广时将线下内容形容得非常优秀，那么我们就必须打造一个庞大的线下团队。可以说，如何找到线下与线上的平衡，是制约很多 O2O 品牌发展的关键。即便目前火爆全球的短期租房网站 Airbnb，也曾经因为这种问题遭到质疑。

Airbnb 是一家美国公司，在全球范围内推出了短期租房 O2O 服务，发展伊始就很受资本市场的关注。然而在 2011 年，这家公司却出现了这样一件大事：一位租户通过 Airbnb 租到了一位客户的房屋，但这位租客用了整整一个星期时间对房屋进行了洗劫，丢失财物包括护照、现金、信用卡、照相机、iPod、电脑、外接硬盘，甚至包括房东祖母的珠宝首饰。此事一出，顿时哗然，Airbnb 爆发了最为严重的信任危机。受害人认为，Airbnb 在这件事上负有不可推卸的责任。尽管 Airbnb 主动出来协助房东解决相关问题，并且愿意赔偿损失，但舆论的影响依旧将 Airbnb 推到了风口浪尖。

Airbnb 的窃取事件，正反映了 O2O 模式对于线下服务的高要求。可以说，Airbnb 的线上服务堪称完美，但线下服务却出现了这样的纰漏，这是非常影响企业品牌声誉的。

2. 线下、线上的矛盾

O2O 的模式，在于“线上先付款，线下再享受”，这种模式就会导致一个问题：付款前是上帝，付款后什么都不是。尤其对于中国市场而言，很多公司都是将线上服务外包给专业的公关公司去做，而不是自己完成，这就很容易造成定制类实体商品与消费者预定不符。而一旦出现相关问题，消费者的权益就很难受到保护，据此对企业产生排斥心理。

从目前来看，国内的 O2O 线下主体，主要集中于服务领域，如餐饮、休闲等，但国内的相关服务条款并未完善，虽然此前团购网站就因为相关问题被勒令整改，但想要建立完善的服务依旧任重道远。如何建立线上、线下对称的服务体系，这是 O2O 未来必须解决的核心问题。

3. 配送服务

线上订购，线下配送到家的模式，也是 O2O 公司的常用手段。而这其中，配送服务是很多消费者关注的原因。就目前来看，能够完善做好配送服务的公司，只有京东等几家。不要说大宗商品，有时候即使一顿简餐配送，有的餐厅都需要花费一个小时以上，这给消费者带来了非常糟糕的体验。

究其原因，还是因为绝大多数的公司选择第三方配送公司配送，自己不可能掌控配送的时间和效率，所以此类投诉频出。不是每一家公司，都能够如京东一般建立自己的配送系统，所以这个问题直接影响着消费者的消费心情。

4. 客户的增长效率

O2O 模式主要依托于移动互联网进行推广，它不似传统广告，而是主要依靠客户的主动关注。但是，网络推广的覆盖面不可能达到毫无死角，消费者的数量是有限的。手机 APP 的使用与下载量有关，如果我们没有足够庞大的客户下载量，那么交易量也同样难于保证。

5. 创新能力不足

创新能力不足，事实上这正是 O2O 面临的最大危机之一。尽管 O2O 盈利模式相对清晰，但是，它很容易出现这样一个问题：同类型的品牌，很容易千篇一律。事实上，作为 O2O 模式的探路者，团购网站正是这种问题的突出体现。曾几何时，团购网站是非常受资本欢迎的，“千团大战”的景象不过才过去两三年，但到了 2015 年，团购网站却整体出现了萎靡，不少平台宣布解散。这其中很重要的一个原因就是：同质化严重。几乎都是一样的服务模式，卖的产品也非常雷同，结果让团购平台齐齐走入冬天。

同样，对于那些以产品销售而非产品研发为主的品牌，一旦各家都建立起 O2O 模式，那么新的问题也就随之而来：线上的内容花样再多，但长久发展难免各家趋于雷同。尤其是当某一品牌打造出了该行业的 O2O 标准模式时，其他品牌蜂拥而上照本宣科，就很容易给行业带来不利的影响。事实上，智能手机领域目前这个问题同样开始显现，尤其对于安卓阵营——小米开创的模式，正在被越来越多的品牌所复制，但真正能成功的又有几个呢？

对症下药，化解 O2O 危机

了解到了 O2O 存在的相关问题，接下来，我们就要利用有效的手段化解危机。

1. 尽可能自主运营线上服务

不可否认，将线上服务外包给公关公司，将会降低我们的工作量，减少运营成本，但其中与线下出现的信息偏差等，其价值却远超成本。这一点其实很好理解：外包公司的目的，仅仅是提升客户在移动端的关注度，并不负责线下方面的运营；所以，他们有时候不免会采取夸张，甚至恶意欺骗的手段来吸引消费者，从而达到承诺的数量。但到头来，线下服务不能达到线上介绍，受损失的自然是我们自己。

所以，尽可能自主运营线上服务，这是解决线上、线下服务不对称的最佳手段。这就要求我们，必须招聘有相关经验的操盘手。当然，在线上运营初期，我们依旧可以借助公关公司的力量，但他们只提供顾问服务、建议服务，而不是全线操作服务。这样一来，我们既可以自己把控线上质量，也可以采纳专业公司的建议做好细节，从而打造完美的 O2O 服务模式。

2. 做好产品是第一位的

想要抓住消费者的心，归根到底还在于线下的产品或服务，产品的优劣才是真正建立粉丝群的核心。所以，线上的推广，始终要服务于我们线下的产品。就目前来看，某些公司的线上服务团队实力远超过线下产品研发、制造团队，这很显然成了“跛脚公司”，即便短期内能够创造极大的收益，长久来看却很难走远。做好产品，提升客户的产品体验，在此基础上打开 O2O 的线上领域，才能让品牌借助移动互联网的优势茁壮成长。

做好产品，事实上也是在解决创新力不足的问题。尽管线上模式很容易复制，从平台到内容，无论如何优秀，总会有跟风者借鉴；但产品却不同，如果产品过硬，很受客户的青睐，并且服务也做得足够优秀，那么我们依然能够突出重围。在此基础上，不断挖掘产品周边配合产品，我们就有了更多的宣传点，这样也能避免“同行易撞衫”的情形出现。

3. 慎打价格战

对于很多企业，尤其是餐饮、休闲类企业而言，一开始采取的 O2O 模式主要依靠各种团购网站。在网站上，同类型的竞争对手很多，因此价格战也成了不少企业的唯一推广模式。

事实上，价格战不是不可以打，但如果它只是唯一的手段，或是盲目地进行价格战，这反而不利于品牌的建设。做好O2O的核心，关键在于服务品质。因为就餐饮、休闲类而言，这类企业通常很难覆盖全国范围，绝大多数只是本区域发展，客户的口碑传播更快、更密集，如果为了拼价格而降低服务质量，那么必然会在短期的火爆后归于寂静。所以，立足本地市场，做好线下服务，尽可能推出各种吸引人的线上推广，这远比打价格战要有效得多。

4. 与第三方公司协议更完善

对于需要配送服务的公司而言，如果我们因为各种原因必须与第三方配送公司合作，那么就必须使协议更加完善。例如，能否提供24小时即可送达服务，能否提供未按时到达赔偿服务，使合作细节尽可能做到精确，这样就会大大提高第三方公司的服务质量，从而避免消费者因为此类问题对品牌产生的误解。

事实上，O2O模式的完善，不能只依靠品牌自身的努力，更需要品牌将上下游关系完全优化与整合。所以，不仅是配送，其他环节我们也应该对第三方公司（物流、团购网站、附加服务公司等）做到尽可能严格要求。

传统零售业，如何进军O2O

对于白手起家的公司而言，打造完整的O2O模式势在必行；同时，因为其所有架构需要全新建立，因此线下线上平台能够共同协作、共同开发，从而形成连接非常紧密的商业模式。那么，对于早已进入运营阶段的传统零售业，又该如何进军O2O模式？尤其对于已经成型许久的零售商铺来说，因为传统思维作祟，打造O2O模式显得更为困难。

开始前，看看是否有这样的错误思维

对于传统零售业而言，O2O 可以说是全然不同的商业模式，线上部分不再需要营业员，几乎所有流程都由消费者自主完成，这对于传统零售业可以说是非常颠覆的。正因为如此，很多传统零售业的从业者，总是对 O2O 报以排斥的心态，认为这种商业模式让实体店无法生存。

可是，你的抱怨真的有道理吗？

冶金技术的出现，淘汰了石器工具的笨拙；天然气的出现，淘汰了蜂窝煤的不便与低效；电子邮件的出现，彻底改变了传统信件的漫长邮递过程……

O2O 正是如此，它是一场革命，但更像是一次进化。在原有的基础之上，借助我们每天都会使用的智能手机，让自己的零售业不再局限于某一个特定的区域；让自己的销售模式更加丰富；吸引更加年轻的消费者关注你的品牌……

更重要的，这是利用移动互联网进行消费的模式，已经日趋成为主流。如果我们不拥抱它，就只能被这个时代所淘汰。

所以，在进军 O2O 之前：首先要扭转自己抵制 O2O 的心态。你要明白：O2O 不仅没有革了传统零售业的命，反而给传统零售业带来了全新契机。进军 O2O 不是随大流，而是借助更先进的移动互联网，将自己的零售业做得更大更强！

意识到 O2O 的意义，接下来我们就要组建 O2O 的线上平台。而这个时候，很多传统零售业从业者，又陷入了这样一种错误思维：我从之前已有的团队中选择相关人员就好了。他们能做好线下服务，也一定能做好线上平台！

但事实上，真的如此吗？当然不。线下实体店讲究的是什么？说话技巧，与人沟通的技巧；网络讲究的是什么？用图片、文字的方式，吸引消费者下单。也就是说，线下销售侧重于店铺装修、交谈技巧，而线上则侧重于信息展示、人机互动交流。二者的平台完全不同，所需要的技巧也完全不同。就像一名足球运动员，不一定玩得好电脑足球游戏；而一名电脑足球游戏达人，也不见得真的会踢球一样。

术业有专攻。想要做好 O2O，在线下实体店稳固的基础上打开线上平台，我们就需要一支具有互联网精神的专业团队去操控。

移动互联网需要全新的思维，它与线下销售截然不同，我们必须依靠专业人士来完成这件事，而不是简单地将职务调整即可做好。

全新互联网团队，你必须拥有

我们已经说过，对于线上平台，我们需要一支具有移动互联网思维的团队。那么，这只团队应该有多少个小组组成？每个小组又要具体负责怎样的工作？

1. 信息收集小组

信息收集小组的工作，就是负责对网上支付、消费、下单进行统计。当客户通过智能手机下单之后，这支小组就需要快速进行货品确认、消费者信息确认，然后根据具体的要求进行包装。如有送货需求，还应该第一时间进行派送，并将本次的成交记录进行统计。

人员要求：熟练操作相关办公软件，如 EXCEL 等，快速将数据整理并告知线下实体店同事。

2. 话题设计小组

线上平台需要有大量的话题引导与炒作，这就需要相应的移动互联网人才。根据每一款主打产品、每一个特定节日等，话题设计小组可以快速策划相应的话题，引导网友讨论和购买，这是线上平台最为核心的组成部分。没有话题，即便创造了平台也毫无意义，这就是为什么诸如国美、苏宁在网络上同样要大肆宣传的意义。

人员要求：熟悉互联网，了解网民的思维，能够迅速通过移动互联网策划出点燃网友热情的话题，并将话题引导至线上平台。

3. 美编技术小组

话题设计小组创造出热点，美编技术小组则需要将热点转化成图片。对于移动互联网而言，干巴巴的语言，远不如一张充满趣味的图片更加能吸引人。

与此同时，对于线上平台的美化和改进，也是美编技术小组的重要工作。

人员要求：熟练应用各种制图软件，同时具备互联网思维，可以迅速理解话题设计小组的策略。

4. 媒介小组

对于不少零售业企业而言，线上平台不仅限于微信、微博，还有团购网站、独立 APP 等等，这就需要与各方进行沟通。媒介小组的工作，在于与微信、微博、团购等网站的编辑沟通交流，并确定每个平台的发布时间，从而使得营销协调统一。

人员要求：具有一定的媒介资源，可以很好地与相关平台进行沟通，并配合话题设计小组确认信息发布时间。

5. 线上线下沟通小组

O2O 是一个整体，我们不能将线上与线下割裂。所以，当我们线下实体店设计了活动，线上平台就应当配合，例如主题说明等；线上平台的活动，线下平台也应当有所行动，例如店内海报等。

人员要求：良好的沟通能力与统筹能力。

这五个小组，是线上平台不可或缺的。也许，这五个小组的成员并不多，但必须要求他们专业、负责，这样才能保证线上平台的有序运转。

将 O2O 思维植入传统团队

对于已经运转多年的传统零售业公司而言，想要快速理解 O2O，显然不是一件容易的事情。毕竟，当我们习惯了某种工作模式时，想要进行调整必然会遇到种种波折。所以，当我们建立了 O2O 模式，打造出线上平台时，更应该将 O2O 思维灌输给在线下实体店工作的传统团队。只有他们理解了这一模式的优点，才能做到线上线下的统一，使得 O2O 模式更为完善。

那么，该如何将 O2O 思维植入传统团队呢？

1. 开展相关内部培训课程

在业余时间，我们应当组织线下的员工进行 O2O 模式培训，购买相关图书，邀请相关专家上课，通过具体的实例，告诉他们 O2O 究竟是什么，可以给企业带来什么。

2. 让员工体验线上工作

为了提升线下员工对于 O2O 的理解，我们可以适当邀请线下员工参与线上平台的工作，让他们直接感受线上平台究竟在做什么，为什么这种模式能够如此受欢迎。当然，这种体验应当是小规模、多频次的，以不能影响线上平台正常运转为前提。

3. 鼓励员工进行网购

员工同样也是消费者，所以，鼓励他们利用智能手机购物，将会更加加深他们对这种模式的印象。如果你的企业有足够资本，不妨开发出一套内部使用的虚拟购买系统，让员工可以虚拟购买本店的产品。这样，员工既可以了解到 O2O 模式的流程，还能给本公司的 O2O 系统查找问题、提出建议，可谓一举两得。

总而言之，对于传统零售业而言，O2O 之路势在必行。作为企业管理者，我们要有提前布局的前瞻性；作为员工，我们也要有打破传统思维的胆识。唯有如此，才能在移动互联网时代站稳脚跟，转型为一家具有移动互联网思维的现代零售企业！

经典案例：解读九大 O2O 案例

O2O 模式目前已深入到几乎所有商家。而在发展的过程中，每一个品牌呈现出了不同的 O2O 风格。在此我们解读近年来最受瞩目的九大 O2O 案例，并进行简要分析．找到做 O2O 的经验。在这些案例里，既有我们所熟知的大品牌，也有一些后起之秀，这些案例从不同的角度，带给我们全新的认识。

阿姨帮：家政领域 O2O 先行者

2014 年，一款名为阿姨帮的手机 APP 正式上线。这是一款预约日常保洁、大扫除、新居开荒、衣物干洗、鞋具洗护服务的手机软件，预约后，客服将为客户安排阿姨上门服务，服务完毕后还可以对服务进行打分和评价。

这是一款侧重于生活服务的软件，为什么它会成为 O2O 市场非常受瞩目的软件？这是因为它预示着 O2O 已经从电商、购物等大平台，开始逐渐向生活细节处进军。而与其他生活类 O2O 公司相比，阿姨帮的定位，不再仅仅是中介，而是服务直接提供方：阿姨帮有自己的家政服务团队，所有成员将经过公司的培训才能上岗。与中介类 O2O 相比，阿姨帮的运营成本显然更大，但它却能够提供真正的 O2O 服务——品牌能够监督质量，能够将所有的环节牢牢控制。

点评：阿姨帮的出现，意味着 O2O 进入了更加细分的领域，O2O 将更加与我们的生活密切相关。而这种趋势所带来的不仅是 O2O 公司进一步增多，还有产品如何更加优秀，服务如何更加成熟，这对一些立足小区域的公司而言，既是一个机遇，也是一个挑战。

苏宁易购：高大上的 O2O 领军人

2013 年，大名鼎鼎的苏宁凭借着与京东的一场混战，也加入到了 O2O 的大军之中。资本雄厚的苏宁，一上来便宣布了一系列大刀阔斧的 O2O 变革：线下店要实时盯准线上价格，二者要统一；剥离线下原有毛利基础上还要加大运营效率；集团原有的业务组织架构都需进行重新梳理。2014 年，苏宁易购的销售量激增，截至当年年底，苏宁的 1/3 营业额来自苏宁易购，由此可见苏宁的 O2O 已经渐渐成型。

未来苏宁易购还将大力发展 O2O 模式，包括线下线上同等服务，指定时间送达，线下建立社区体验店等等。甚至，为了进一步加强 O2O 模式，苏宁还关闭了线下的诸多店铺，努力让用户习惯线上消费的模式。大资本大运作，让苏宁成为 O2O 领域最受关注的品牌。

点评：苏宁进军 O2O，并带来了诸多的服务，意味着中国的 O2O 市场规范正在逐步建立：线上线下享受同样的服务和价格，同时完善庞大的物流网络。未来，如果有其他品牌做不到这些，例如线上线下差价过大，或无法及时派送，就很难利用 O2O 模式站稳脚跟。

居然之家：最纯粹的 O2O 品牌

与苏宁类似，居然之家同样是大品牌，实力雄厚。但与苏宁的 O2O 定位不断调整不同，居然之家的 O2O 模式最为稳定和标准。居然之家设定了以地区为模块的方式，打造出“同一经营主体、同一产品、同一价格、同一服务”的四同原则。与苏宁某些店铺线上线下价格并未完全统一相比，居然之家在这个领域是做得最为优秀的。所以，居然之家底气十足，不断推广着自己的概念，并在家居市场取得了很好的业绩。

点评：稳扎稳打，绝对履行宣传的承诺，这是居然之家的 O2O 成熟之处。没有过多的花哨，总部监督着每一家店铺的执行情况，打造出 O2O 的标准模式，这是居然之家给我们带来的启发。想要让 O2O 成为品牌亮点，那么，不打折扣地执行宣传口号，才是让消费者放心的基本原则。

养车点点：目标精准的 O2O

随着目前国内汽车保有量的不断增加，汽车服务 O2O 也开始逐渐发力。2014 年 3 月，养车点点正式上线，着力打造汽车保养移动 O2O 模式。用户只需点击相关选项，即可选择洗车、修车的服务，然后就近到与养车点点合作的门店获取相关服务。为了能够在市场上取得很好的效果，养车点点推出了“一元洗车”的服务，吸引用户使用。

养车点点之所以能够成为热点，很大程度上在于其快速的城市扩张。目前，养车点点覆盖了 2000 多家商户，主要集中在北、上、广、深、杭地区，用户活跃度大约为 2 ～ 3 次 / 月，月订单成交量过万。仅仅上市三个月，也就是 2014 年 6 月，养车点点就成功完成了 400 万元的 A 轮融资。

点评：与阿姨帮相似的是，养车点点同样侧重于生活服务领域，由此可见生活服务类 O2O 已经进入火热时期；同时，养车点点所需要的服务要求更高，一旦出现差错，就会在全网被所有用户知道。所以，未来的O2O模式，如何监督服务质量，成为了发展O2O的关键。

绫致旗下品牌：主打品质服务的O2O

也许，绫致我们并不熟悉，但其旗下品牌相信众所周知：ONLY、JACK & JONES、VERO MODA。作为很早就进入中国的服装品牌，2014年，绫致开始了O2O变革，并与互联网大佬腾讯旗下的微信达成合作。

绫致的O2O模式特点在于：用户可以在店铺内对产品进行微信二维码扫描，届时，这位用户是否为会员，之前买过或扫过哪些产品，买过的产品主要集中于哪些款型，都将一一出现在导购员的手机上。而根据这些数据，导购员可以快速提出建议，同时用户的手机也能收到推荐搭配，大大丰富了购物的过程。如果客户选择了购买，也可以在手机上下单，或是回家后经过考虑再下单。效率与可玩性，成为了绫致旗下品牌O2O的发展核心。

点评：绫致的O2O模式，开创了速度化的先河，也就是说用户在店铺的5～10分钟，是是否购买的关键。同时，线上平台开启智能化服务，对用户进行一对一的针对性服务，也是它的特色之一。效率与趣味，也是未来O2O发展的核心，它将大大提升线上平台的吸引力，从而创造用户的高黏合度。

河狸家：服务“懒人”的O2O

河狸家的服务对象，是那些爱美、却又不爱动的“懒人”美女。这款主打美甲项目的O2O品牌，彻底取消了门店的概念，完全凭借美甲师们的上门服务。当用户点击了相关选项，并确定好时间后，无论是在咖啡厅还是家里，都可以享受河狸家带来的服务。上线时间还不足8个月，河狸家便被风投给出了10亿元人民币的估值。

点评：河狸家给我们最大的启迪是什么？自然就是“懒人”经济。可以这么理解，对于纯服务类O2O而言，我们的受众群就是那些“懒人”——不愿意出门，手机轻松一点，即可享受指定的服务。顺着这个思路，我们会发现有很多产业，可以借助O2O的模式快速发展。

黄太吉：小品牌创造的 O2O

作为一个煎饼品牌，黄太吉的 O2O，显得有些另类。但正是凭借着 O2O 模式的应用，这家位于北京 CBD、面积不过十几平方米的煎饼铺，却创造出了耀眼的奇迹。黄太吉的 O2O，依旧是传统的线上订购、线下消费模式，但它有一个其他品牌很难做到的特色，就是提供最好的互动。

例如，在这个只有 16 个座位的煎饼铺内，黄太吉提供了免费 WIFI，并鼓励用户在社交媒体上进行分享；而创始人赫畅也是一个手机达人，会针对相关微博第一时间逐一回复。他认为，这么做的动机不仅仅是互动，更重要的是用心和顾客沟通，迅速、及时地回复更是诚意的一种体现。而诸如老板开奔驰送煎饼、美女老板娘送餐、煎饼相对论公开课等话题的炒作，也让这个品牌经常被粉丝津津乐道。目前，风投对其估值超过 4000 多万元。

点评：黄太吉的成功，不仅在于对 O2O 的运用，更在于其宣传推广的趣味性。O2O 不仅应当是工具，更应该是一种可以互动的模式，用户、商家能够借助线上、线下平台，进行社交网络的交流，这是黄太吉给我们的最大启迪。

那些年：特色服务的 O2O

作为一家火锅品牌，那些年的 O2O 模式主打客户自助下载“二维火”点菜或叫外卖。那些年鼓励用户进行充值卡充值，这样到了店里，用户只需通过手机进行充值卡登录，然后查阅菜单并一键下单。当通过 APP 点菜完毕后，餐厅后台将会收到相关提示，这时服务员就会进行配菜处理和订单确认，经过快速审核后，用户就可以就餐。

那些年的这种模式，为的就是提升客户自助习惯和培养无人服务模式，这样既可以优化服务流程，又可以节省人工成本。而通过 APP 的展示，客户也将会对菜品的评分、建议等，有一个更加直观的了解。

点评：未来的餐饮、服装类品牌 O2O，必将会呈现那些年的这种模式，将选择权真正交给用户，同时也降低了运营成本。所以，对于这类品牌，不妨可以进行尝试。

上品折扣：最全渠道 O2O

上品折扣虽然有一定数量的线下店，但数量并非非常庞大，所以 O2O 模式就成了它必须开展的形式。目前来看，上品折扣的 O2O 较为成功。一方面，导购员通过手持设备，将产品录入，从而搭建出了庞大的产品信息数据库，使线上、线下的产品得到了统一；同时，因为上品折扣的线上购物平台有很多，既有独立平台也有与第三方合作的平台，所以如购物入口、商品挑选、下单支付、物流配送以及售后服务，都进行了合理的规划。尤其是后台的建设和优化，让上品折扣的 O2O 系统可以快速反应，使得业务流程能够承担多渠道购物的压力。

另一方面，在运营后台的建设及优化方面下工扎实，也使其业务流程能够承受多渠道购物的压力。

点评：对于规模较大的品牌而言，全渠道 O2O 是必须进行的工作。毕竟，我们不是小餐馆、小服装店，如果 O2O 模式过于单一，就不能满足所有消费者的需求。这就是上品折扣给我们的启迪。

九个关于 O2O 的案例，几乎涵盖了目前我们能见到、能想到的所有 O2O 模式。通过这些经典案例的分析，我们应当找到了适合自己品牌的 O2O 发展之路，或是在经营内容上，或是在线上选购上，或是在模式推广上，都应当有一套属于自己的思路。

第三章
自媒体时代：二维码营销与运营

二维码是伴随着移动互联网出现的新兴产物，它很神秘，看起来尽是各种线条与图案的组合；它也很具有价值，我们可以通过这个不大的小黑块，创造出令人咋舌的财富。本章，我们将会潜入二维码的海洋，找到其营销与运营的密码钥匙，从而实现自己的梦想！

二维码掀起的互联网新革命

每一个商业时代，都有一种工具颠覆着曾经的商业形式，例如金属类货币的出现，让贝壳类货币彻底退出舞台。金属类货币的可保存性和便携带性，给商业领域带来了前所未有的交易便捷化。到了近代，银行的诞生又一次改变了商业的营销与运转模式：人类可以使用银行卡、支票等进行支付，银行还通过各种银行卡活动刺激消费，无纸币化市场日趋成熟，这是划时代的一次变革。而到了21世纪的移动互联网时代，哪一种工具又将掀起全新的革命？毫无疑问，那就是——二维码。

与前几次革命相比，二维码掀起的风暴似乎更为猛烈，也更为丰富：它不再仅仅在支付手段上进行变革，更对营销策略乃至用户互动领域产生了颠覆式的影响——可以跳转到支付页面，也可以跳转到推广页面，还可以跳转到官方网站、微博、微信，更可以下载相关APP。

所以，在正式开始手机创富之前，我们必须对这种神奇的“图案”有一个系统的了解。而在具体了解之前，我们不妨来看这样一则小新闻：事实上，从这短短一百多字的新闻中，我们就能看到二维码的革命性：

中新网1月5日，在杭州闸弄口菜场内香肠老板于师傅向记者展示二维码名片。一边做香肠一边收钱既不方便也不卫生，于师傅的女儿便想到了时下流行的二维码。“我们毕竟是现场加工的，纸钞细菌多，扫二维码让人家看起来也舒服！”记者了解到，于师傅的二维码支付摊位还颇受欢迎。今年元旦生意最好的一天，卖出3000斤的香肠。

二维码的支付革命：更便捷，更简单

越来越多的商家（无论线上或线下），都开始使用二维码进行交易。事实上，正如前文那则小新闻，二维码营销早已不是高高在上的事情，哪怕一家不起眼的小门店，也可以利用二维码进行营销，并获得让人咂舌的收益。

而站在消费者的角度，我们从这则小新闻中，可以发现什么？

1. 消费的便捷性

传统交易，讲究的是“一手交钱，一手交货”，这就会导致一个问题：需要准备现金。如果我们急需购买却未携带现金，这次交易就只能告吹。而随着智能手机的诞生，银行卡、信用卡、支付宝等早已实现电子化，对于很多人来说，现金有时候就不免显得“累赘”了许多。

二维码将这个问题轻松解决。轻轻一扫，购物成功。在提倡效率的时代，这种消费模式显然是极受欢迎的。

2. 消费的标准化

二维码的突出特点是什么？标准！无论二维码的大小、形状、内部组成有何不同，它的内部编码构成都是一致的。所以，无论我们在什么场合见到二维码，只需拿出手机轻轻一扫，都会弹出相应的界面。从这一点上看，二维码建立了足够的标准化，不会产生与不同品牌手机不适配的情况。

这意味着什么？意味着标准化消费时代终将到来！目前，我们存在的消费结款方式有很多，现金、会员卡、银行储蓄卡、需要签名的信用卡、代金券等等，这不仅给商家带来了很多不便，同样也给用户带来了诸多麻烦——钱包里除了鼓鼓囊囊的现金之外，还有各种不同的卡……

但二维码却不同。可以说，无论会员信息还是刷卡交易，我们都可以利用二维码生成，这样在消费时，所有的程序都将大大简化，只需拿出手机一扫，付款轻松完成。虽然，目前这种模式尚未正式上线，但是可以预见，标准化的消费模式必将成为主流。

3. 消费的绿色化

与纸钞相比，二维码的一个突出特点是什么？卫生！众所周知，纸钞是携带细菌最多的物品。在越来越提倡绿色健康的时代，纸钞的卫生情况显然是无法规避的堡垒。尤其对于小商小贩而言，他们的纸币流通更大，所以卫生情况也更堪忧。

反观二维码，它是一个电子符号，并无实体存在，根本没有卫生方面的隐患。所以，当绿色消费成为二维码的标签时，它的应用广度与深度自然是纸币不可同日而语的。

二维码的管理革命：成本更低，传播更强

让我们把视线调转到小新闻里的商家。从商家的角度来看，二维码又带来了什么？

1. 二维码带来的管理成本降低

对于零售商而言，最需要准备的是什么？统计收入，零钱兑换。这两项工作，需要花费至少一个小时时间，有时候甚至需要专门的人进行。单是零钱兑换一项，就需要赶往银行，再通过漫长的排队获得……毕竟，我们不可能要求客户每次付款，都不必找零。

而二维码的电子信息化处理，不仅自动将每一笔收益进行统计，还不必再进行零钱兑换，它所带来的效率是呈几何式增长的。效率的提升，就意味着管理成本的降低——我们不必再将精力分散，只需做好真正的核心工作即可。

2. 二维码带来的形象提升

从小新闻里我们可以看到，为什么消费者愿意来于师傅的档口？很重要的一个原因就在于：二维码是流行事物。当你也成为流行的组成部分时，就意味着——与传统相比，你充满了新闻话题性，充满了让人青睐的资本。

所以，杭州卖香肠的有上千家，但是真正能够成为消费者心中明星的，却只有于师傅一家。它所带来的形象加分，是传统模式根本无法企及的。

二维码的营销革命：架起线上线下的桥梁

消费革命与管理革命，是从二维码的微观入手；而从宏观上来看，它带来的更是一场营销大变革！

本节开篇我们已经说过，二维码的变革意义不仅在于支付，而是囊括了商业的各个方面，所以巧妙利用二维码，就可以架起线上和线下的沟通桥梁。通常，线上营销依靠病毒式传播和互动营销，线下则依靠实体渠道，二者会出现一定的缝隙；二维码则可以将线上线下融为一体，使营销更加系统和全面。

图3-1　二维码活动页面

图 3-1 是一家店铺的二维码活动，我们可以看到：它的线下活动是“赠送五花肉”，线上活动是“扫描二维码”，如何将二者结合起来？这时候，二维码就成为了连接线上与线下的桥梁。轻松一扫，我们既完成了线上任务，又得到了线下反馈。

这就是二维码营销的一个显著特点：新鲜、灵活。与传统营销相比，二维码营销将会更加注重客户的自主选择权——客户如果不喜欢，可以不扫描；传统营销则多使用捆绑销售，客户不得不接受。

同时，随时随地的推荐模式（店铺、网站、街边海报），也降低了用户的寻找成本，同时借助客户自身的分享转发等，会给用户带来前所未有的尊重，使用户可以在没有干扰与强制的情况下，完成订购。这也符合移动互联网业务的发展特征。

正是因为二维码的这一特质，笔者想对广大读者说一句：如果只把二维码当作产品购买链接就 OUT 了！支付与管理消费，只是二维码的基础应用；利用二维码创造更大的话题与财富，才是它的革命核心。

我们对二维码有了一个基础的了解。那么，该如何利用好这一“核武器”，在移动互联网时代掀起前所未有的革命呢？后面的章节，我们将对这个问题进行深入讨论。

如何让消费者主动扫一扫

二维码，架起了我们与消费者之间的沟通桥梁。那么，接下来的问题就是——如何把消费者引到桥上？换句话来说，就是：如何让消费者主动扫一扫？

吸引消费者主动扫描二维码，这才是我们建设移动互联网架构的意义。太多太多的人都有这样一种误区：只要我有了二维码，并且它能出现在各种地方，那么我的粉丝群就会激增！但事实上呢？打开后台我们即可看到——用户的数量依旧寥寥无几，即使二维码出现的场合极多，递增数依旧少得可怜。

所以说，有了二维码，不代表就有了用户群；唯有激发用户群主动扫一扫，这样我们的品牌才能在移动互联网上形成口碑。

为什么消费者不主动扫一扫

想要让消费者主动扫一扫，首先，我们要知道为什么客户没有扫一扫的意愿。通常而言，以下这些原因，导致了消费者不愿主动扫描二维码：

1. 没有文案，只有二维码

我们在很多场合都见过这样的情形：一张巨幅海报之上，寥寥几个字，然后在画面的左下方或右下方，有一个突兀的二维码。没有说明，没有介绍，仿佛只是一个画面的装饰物罢了。

这样的二维码，怎么可能吸引消费者去扫描？通过海报，消费者根本不知道你到底是做什么的；通过海报，消费者只知道你的公司名称；通过海报，我们无法获悉关于公司的任何内容……

当消费者对你和你的品牌一无所知时，为什么要扫描你的二维码呢？缺少画龙点睛的文案介绍，就等于没有给消费者打开二维码这扇门的钥匙，就等于消费者无法走进我们的移动互联网平台。想想看，如果我们可以在文案中说明：扫描二维码后，将会有更多产品细节出现；将会有用户使用视频出现；将会有用户评价出现……这个时候，消费者又怎么会不掏出手机？

2. 没有互动

也许，我们在海报上有了简单的介绍，可是如果没有线下的配合，能够主动扫描二维码的消费者依旧少之又少。为什么我们总幻想着消费者一进店就拿出手机扫描？没有线下人员的互动交流，没有现场导购的积极引导，消费者为什么要去了解线上平台的活动？所以，线下的互动同样重要，尤其是导购人员的推介，是促使消费者扫描的关键。

怎么做，才能激发消费者主动扫一扫

了解到了消费者不愿主动扫描二维码的症结，接下来，我们就需要针对相应情况，做出有效的调整：

1. 不仅要有二维码，更要有活动说明

每一款海报，都应当有一个主题——这款海报想凸显什么内容？例如，在海报上说明，扫描二维码可以赢取纪念品；在海报显著位置上写上“扫描二维码尽享六折优惠”的活动详情；抑或写明“关注官方微博，即可在前台领取小礼品”。只有配合相关活动，我们的二维码才有意义，才能吸引消费者关注线上平台。无利不起早，没有任何说明，是很难吸引消费者扫码的。

如图3-2所示，这样的店面海报，无疑是非常成功的。它将文案与二维码巧妙结合在了一起，自然能大大提升线上关注度。

图3-2　某店家二维码活动海报

2. 提升互动性，线下促成扫描

二维码是冰冷的，

但人是充满热度的。尤其对于中小店铺而言，借助店铺内的营销人员进行互动交流，吸引消费者扫一扫，这是提升二维码关注度的核心。

“先生，如果方便，您可以关注一下我们的微信公众账号，这样我们店铺再有什么新品，您就可以第一时间获知并且下单，这样您到时候直接来店取货即可，这样更加方便一些。”

“这位女士，您可以下载一下我们的 APP，这里就有二维码下载链接。这样的话，您只需用手机简单地做出选择，我们就会在二十分钟之内将您的美食送到指定地点。”

“其实如果您通过手机下单，我们的优惠还有更多，甚至每天都有不同的新品优惠折扣，有很多都是咱们线上平台独享的。这张海报上的二维码您扫描一下，就可以享受相关服务了。”

试想，如果我们在线下有这样的互动模式，那么怎么可能消费者不去扫一扫？

数量为王，但不等于无底线

我们做好了二维码，并有了相关内容，并不等于就能够让消费者主动扫描。事实上，所有事情都讲究一个“度”字，二维码营销也不例外，如果没有注意好这几点，同样很难让消费者主动关注：

1. 不是越多越好

做好了相关二维码营销方案，我们就要进行发布。但这不等于我们发布得越多越好。试想，当你走进一家门店，无论如何转身，到处都是二维码，你会有何种感受？恐怕就是头疼了。尤其二维码本身扭曲复杂，看多了不免会让人感到非常不适。

所以，在发布二维码信息时，我们遵循的原则应当是醒目、合理。如果是实体店，我们的二维码发布在餐桌、正对店门的形象墙、外包装盒等上面即可，相关活动海报不宜超过 5 张；如果我们没有实体店，那么宣传册每页也不宜超过两次。只要你的活动策划得足够优秀，就不必担心因为数量的问题，消费者无法知晓。

2. 有些文案不能发

二维码活动文案，自然是一种广告，无论其载体是海报还是台布。广告当然可以夸张，但不等于“胡说八道”。所以，在写文案时，我们必须关注消费者的心理，切记不可用过于暴力、血腥、色情等方面的内容做噱头。

2014年，某地一家餐馆张贴出这样的海报：扫描二维码，即可享受“吃人”的服务！此海报一出，公众立刻哗然。尽管最终调查发现这只是该店的一种营销手段，并非真正“吃人”，但依旧引起了公众相当的反感，店主也不得不多次致歉。

由此可见，文案可以夸张，但不能毫无边际，更不能给客户带来不适感。

将二维码最实用、最快捷地推广出去

当我们制作出了自己的二维码，接下来最重要的工作就是进行推广，努力让更多的人可以扫描——无论是直接购买某款产品，还是下载APP，抑或关注微信公众账号和平台。想要达到这样的目的，我们就要根据不同的场合和时间，掌握不同的技巧，这样才能吸引用户扫一扫。

以下这几个技巧，在不同行业中都有相关的公司采用过，并取得了很好的效果，我们不妨多多借鉴，然后根据自己的品牌特点，进行二维码推销。

最高效：巧妙利用“通过时间”

所谓通过时间，即我们在交通工具之间转换的时间，例如，进入地铁通道、公交通道、飞机通道、火车通道等等。在这个过程中，多数两侧的通道墙壁上都会有相应广告位，而这些广告位，恰恰都是非常适合进行二维码扫描的。尤其对于快销品而言，如零售业、家居行业等，这些与路人的诉求非常吻合，所以如果我们的广告位有着吸引人的广告画面，同时还能预告扫描二维码所带来的好处，那么人们的扫描意愿就会大大提升。

除此之外，诸如地铁等候大厅、公交车座椅、飞机候机大厅、火车候车大厅等，都是通过时间的涵盖范围。这个时候的人们往往为了排解等候的无聊心情，会想要阅读周围的广告。如果我们的广告内容能够直击用户的内心，他们就会掏出手机，扫描二维码。

图3-3　上海某地铁通道二维码广告

图 3-3 是上海地铁站某商家的二维码广告位，它位于乘坐地铁必须经过的位置，同时提供了非常受欢迎的单品，而二维码本身也与画面搭配协调，因此用户的扫描率自然非常高。

最线下：玩转活动单页

绝大多数的公司，都会印制活动单页进行派发，尤其是餐饮、生活服务类品牌。而一些商务公司，也会在会议召开时，提供大量的活动单页。这些单页往往设计精良，不仅印有本公司的介绍，还会印制其他的相关信息。

这份活动单页，同样也是提高二维码扫描率的重要环节。也许，很多客户不会保留这张活动单页，随手就将它丢弃在垃圾桶之中，但是，如果我们设计合理，文案优秀，那么单页上的二维码就会被客户随手扫描下来。这样，我们的目的就达到了——尽管客户将单页丢弃，可是通过二维码他会进入我们更丰富的线上平台，这才是我们真正想要的。

图3-4　某房产公司二维码活动单页

图 3-4 这张单页，就是这种技巧应用的典范。单页没有其他花哨的内

容，直接说明“扫描二维码享受优惠”的活动，然后配合贴切的画面，从而将二维码的概念大大提升。

最内涵：给用户带来丰富的知识

如果我们的品牌具有很高的知识深度，那么不妨利用专业知识进行二维码推广。例如红酒，它不仅种类众多，而且如何判断年代、产地、葡萄园、酒窖等等，都是很具有话题性的内容；又如汽车，从品牌到限购指南、驾驶指南、维修指南等，也有很多很多的知识点；再如收藏品，从文玩到古董，从近代到古代，从西方到东方，这里面的知识更是海量。

对于这类品牌，借助知识进行营销，就显得非常有必要。通常来说，这类品牌或是附赠产品手册，或是印制主题杂志和报纸，或是借助线下活动，达到将知识传播出去的目的，而借助这样的活动，我们就可以将二维码推广出去。

通常来说，这类二维码主要出现在产品手册、杂志封底上，但是为了凸显二维码的重要性，我们也可以在中插位置设定独立版块，激发客户进行扫描。这样的一份杂志或报纸，对于受众群自然是具有杀伤力的：既可以获得最专业的知识内容，还可以通过二维码关注品牌，从而实现提升二维码扫描率的目的。当然需要注意的是：我们在二维码的下方或上方，应当写上“扫描二维码，还有更多相关知识”之类的语言，大大调动用户的扫描积极性。

最广泛：主题二维码优惠墙

对于一些中小品牌，尤其是快销品牌而言，例如快餐店、咖啡馆、24 小时便利店等，去做专门的主题杂志，或是进军地铁广告位，显得就非常不现实。而宣传单页，有时不免会因为成本问题而数量有限，很难取得很好的效果。

这个时候，我们不妨巧妙利用店内环境，做一个主题二维码优惠墙，将定制优惠券、兑换券等，以写真、打印等方式，将各种二维码进行张贴。这样，客户走进实体店，一样可以扫描二维码，享受线上交易带来的优惠。同时，这种主题形象墙的模式，还能给店铺带来话题，形成口碑传播。

当然，这里所说的墙，不一定真的是一面墙：如果条件允许，可以设定专门的二维码形象墙；如果条件有限，可以设置展板、X 展架等。我们要做的，是将二维码推广出去，不必过于拘泥于形式。当然，这类二维码活动通常都针对单品，所以我们应当经常更新，让活动频繁化、高效化，这样人们的扫描欲望才会提升。图 3–5 就是很典型的二维码优惠墙。

图3–5 二维码优惠墙

当然，推广二维码，不仅限于以上的几种方法。事实上，如果我们打开创意的思维，借助已经有的资源，可以不断开发出推销方案。切记：二维码是打开线上平台的关键，如果二维码无法广泛推广，我们的内容再精彩也毫无意义。“流量为王”这四个字是移动互联网时代的四字箴言。

二维码还能带来什么附加值

除了直接购买，关注品牌线上平台，查看品牌活动等，我们借助二维码，还能给客户带来哪些服务？答案就是：附加价值！

附加价值的作用不言而喻，它可以大大提升用户对于品牌的黏合度。事实上，早在移动互联网到来前，附加服务就是各个品牌都渴望创造的，例如服装店提供免费修改服务、台球室提供上网服务、网吧提供点餐服务等等，这都是附加价值的体现。

那么对于移动互联网时代，我们该如何利用二维码提升附加价值呢？来看这样一则案例：

林小姐是一名白领，平常工作非常忙，很少有自己做饭的时候。最近，她的单位附近开了一家川菜馆，这天加班结束，林小姐决定来尝个鲜。菜品倒是没什么特别，但是当她所点的盖浇饭端到面前时，她惊讶地发现：在盖浇饭托盘上，有一个二维码，下面还写了这样一句话："扫一下，有你绝对意外的惊喜哦！"

身为手机达人的林小姐，这时掏出手机，对着二维码扫描了一下。她原以为，会出现常见的价格折扣等，谁知，手机界面弹出的却是这道菜的制作方法！从材料选择到火候掌握，甚至这道菜的温凉属性都出来了。

在这个页面的最后，还有这样一句话："希望能够帮助你提升烹饪技巧，更希望你可以多想想家的味道！"

一句简单的话，立刻让疲惫的林小姐倍感温暖。是啊，终日忙于工作，有多少时间能够在家里吃饭呢？

一下子，林小姐对这家餐馆的好感倍增。这时她才发现，已经临近九点，饭馆里依然有很多人，他们点的不过是盖浇饭之类的简餐，这是同类型餐馆中，这个时间段极少见到的。看着手机屏幕，林小姐立刻明白这家餐馆为何生意如此红火了。

后来，林小姐按照那则二维码的内容，尝试着自己在家做了顿饭。尽管味道不如餐馆正宗，她却吃得津津有味。再后来，林小姐成了这家餐馆的忠实拥趸，几乎尝遍了每一道菜，还拉来许多同事，让这里最终成为了平常工作就餐的大本营。

如此做法，你是否想到？借助二维码带来的烹饪技巧和温馨祝福，这家餐馆不仅没有让自己的顾客流失，反而使顾客成为了自己的忠实粉丝！这就是附加价值的作用。

当然，这家餐馆能够意识到这一点，皆要拜移动互联网所赐。试想，如果不是通过二维码扫描，而是让服务员与客户直接说，会产生怎样的效果？恐怕早已不胜其烦。倘若是赠送小手册之类，产生的成本过高，又会影响餐馆的盈利。所以，当二维码逐渐成为生活中的常客时，利用它就可以轻松创造附加价值。

小小的二维码，既可以带来便捷的直接消费，还可以带来温馨的情感传达，由此可见在移动互联网时代，它是多么神奇，多么伟大！

顺着这个思路，我们还能想到什么？让我们展开丰富的联想，提升品牌的附加价值吧：

如果你经营红酒生意，能否在销售时提供一个二维码，让客户轻轻一扫，即可知道本瓶葡萄酒的身份？产于哪个时期，由哪种葡萄酿制，如何正确饮用葡萄酒，如何正确保存葡萄酒……

如果你的小店在旅游景区附近，当客户进店消费时，我们能否让客户扫一扫主题二维码，即可获知周围景点信息、就餐信息、停车信息、如厕信息等？

如果你开设了一家手工皮具淘宝店，能否随产品附赠一张带有二维码的小卡片，扫描后显示你的皮质是何等级，如何分辨皮具质量，如何保养皮具？

如果你是一名网络虚拟生意的老板，例如在线充值等，能否在为用户发送充值码的同时，提供一个二维码，让用户可以了解到何时充值有折扣、有优惠？

总之，这样的创意是无限的，只要我们可以结合产品或品牌的特点，就可以挖掘出源源不断的附加价值。这些内容也许看起来并不起眼，但却能给用户带来最直接的好处，因此是非常受欢迎的。

当然，在这里需要给大家一个建议：

由二维码所带来的附加值，要尽可能针对某一款特定的产品，延伸内容围绕着具体的产品展开。尽可能避免品牌的介绍与延伸，因为那是一个非常庞大的内容，并且过于广告化，与智能手机用户的快速阅读和零碎阅读是相违背的。

正如案例中那家餐馆的二维码，简单的烹饪知识和精准的祝福，才是真正能够感动用户，能够带来有效附加价值的。

也许你会问：那么，我的品牌文化、产品展示，又该如何体现？别急，微信、微博、独立 APP 等，才是这些内容最适合发布的平台。切记，附加微信应当是呈现爆炸性的——可以立刻让用户感受到价值，而不是拖延到三个月后；能够快速让用户通过一款产品，获得更多物质与精神上的愉悦，而不是在半年之后才会想起它带来的效果。

现场附加值＋长期品牌关注，是移动互联网时代各个品牌腾飞的关键。这一节，我们了解了二维码带来附加值的知识，在后面的章节中，我们还将针对微信、微博等社交工具，开展更为全面的品牌长期建设与知识分享。

设计你的二维码，并让它活跃起来

说了这么多关于二维码的知识，我们却一直都没有谈该如何生成自己的二维码。同时，二维码作为图片，又该如何活跃起来，成为画面的组成部分，而不是单调的一个黑色小方块？

这一节，我们将远离二维码的深层意义，回到二维码本身，帮助大家学习如何生成、如何美化二维码。

不必求人，二维码生成很简单

对于二维码的生成，目前来说有以下几种途径：

1．第三方平台自带生成功能

如果我们的平台并非自主开发，而是借助第三方平台，那么第三方平台通常会自动生成二维码，这其中以微信公众平台为代表。当我们按照要求进行注册审核、上传图片后，就会在微信公众平台的“公共账号设置”中看到自己的二维码。点击“下载更多尺寸”，我们就可以根据实际应用的需要，下载不同规格的二维码。如图 3–6 所示，我们可以看到相关按钮。

图3-6 微信公众平台后台截图

其他的第三方平台，多数带有这样的二维码生成服务，只要我们仔细查看相关说明，就可以找到下载链接。

2. 自主生成二维码

对于自己开发的平台，或是针对某一款特定产品和服务，就需要我们自主生成二维码。这个时候，我们就无法依靠第三方平台的功能，而是要自己完成。

事实上，自主生成二维码并非难事，只要理解到这一点就能轻松实现：

二维码的实质，就是一个网页的链接。通过手机扫描二维码，我们就将跳转到指定的网站，从而将提前预设好的信息展示给用户。

所以，二维码的制作，其实就是将网页地址图像化，只要知道网页地址，无论是我们的官方主页，还是淘宝某一款产品的链接，还是我们提供的资料下载，抑或是一次活动的详情信息，都可以轻松生成。

而相关的二维码生成器，无论在 PC 端还是智能手机上，都有很多很多。只要输入网址和相关图片，二维码就会轻松生成。更便捷的是，这类软件通常都是免费的。

以图 3-7 联图网二维码生成为例，我们在左侧输入相关网址，右侧就会自动生成相应的二维码；如果还想达到其他的效果，可以根据相应选项一键完成。其他的二维码生成操作都很类似，只要简单了解计算机操作，即可实现轻松生成的梦想。

图3-7　联图网二维码生成页面

当然需要注意的是，因为免费的缘故，目前有一些二维码生成网站或软件带有木马病毒，所以尽可能选取口碑高、使用度高、有第三方安全厂商认证的软件或网站，以避免不必要的损失。

让二维码活跃起来

无论采取哪种方法制作二维码，它始终是一个图片。这时候，它美观与否，直接影响着画面的整体效果。标准化的二维码，仅仅是一个黑色的方框，看起来既不美观也不生动，有时候还会破坏整体画面，影响用户的心情。

这时候，我们就要对标准二维码进行改进，让它活跃起来。一般来讲，让二维码活跃起来的方法有以下几种：

1. 让色彩缤纷起来

对于充满时尚气质的品牌或产品而言，缤纷色彩化的二维码，会显得更加年轻跳跃，富有视觉冲击力。例如奶茶冷饮、青春服饰等，我们可以采用相关的二维码，如图 3-8 所示。

图3–8　彩色二维码

2. 让整体卡通化

对于诸如摄影品牌、KTV 品牌等带有鲜明行业特点的品牌，如摄影行业的相机、灯光等，KTV 的话筒，可以巧妙借助行业特点，让二维码呈现卡通化，这样的二维码已经不简单是一个图片，更像一个 LOGO，会更加提升客户的关注度和画面的协调感，如图 3–9 所示。

图3–9　卡通二维码

3. 让二维码艺术化

彻底改变二维码的形态，使其呈现艺术化的风格，也是一种不错的二维码设计。这种二维码呈现出极强的设计感，它更像一幅专门定制的画面，因此会更具吸引力，如图 3–10 所示。

图3–10　艺术化二维码

需要注意的是，因为这种二维码已经改变了基本存储单位（即小方格化），整体形态出现了较大的变异，因此会出现无法扫描，或扫描时间过长的情况。所以，对于艺术化的二维码要慎重使用，最好在生成后进行多次测试（不同手机、不同扫描软件、不同尺寸），避免用户扫描却无效的情况出现。

制作这样的风格化二维码，需要相应的专业知识并要注意细节。首先，我们要有一个专业的美编人员，可以对二维码进行改进；其次，二维码的改进必须配合整体画面，有时候活跃的风格，反而不如标准化二维码显得成熟和稳重。

总而言之，二维码的生成与设计，是移动互联网商业时代的重要组成部分。它看起来似乎不起眼，却起到了至关重要的作用——它是打开品牌大门的钥匙。没有二维码，我们就不可能看到品牌的线上发展，这时候再谈手机掘金就是痴人说梦。所以，无论我们使用的是标准化还是改良化的二维码，都必须使其出现在画面上的合适位置，然后经过多次测试，保证扫描通过率后再投放市场。

经典案例：二维码引领的营销狂潮

二维码是很奇妙的移动互联网产物，自诞生之日起，围绕它就产生了有趣且有效的营销活动。来看一看关于二维码的经典案例，也许我们也能从中获取灵感，引发一场优秀的营销狂潮。

最有趣的二维码：正午才能扫的二维码

日韩两国是二维码应用最为广泛的两个国家，这里诞生了不少有趣的二维码营销经典案例。例如，韩国著名的 Emart 通过长期调研发现：每天到了正午时光，店内的客流量和销量都非常低，尤其是从 12 点到 1 点这一个小时。那么，该如何提升这个时间段的销售额呢？

为了让消费者在正午时光感受到不一样的购物氛围和体验，这家超市引入了二维码系统，并在超市门前安装了巨大的展示牌。这个二维码非常特别，它只有到了正午太阳直射时，才会被扫描读取，其他时候毫无效果。一下子，不少消费者对这种有趣的扫码方式感到了新鲜，于是不少人选择在这个时间段前来购买，甚至不乏外国游客也慕名前来参观。

当然，有趣只是这个二维码的第一个效果。这款正午二维码，同时还提供比其他时间段更为优惠的折扣，如果通过手机直接购买，还可以享受免费送货上门的服务。

正是凭借着这个有趣的二维码，Emart 超市不仅将中午变成了购物高峰点，更拉动了整体营业额提高了两倍之多！

最详尽的二维码：水果公司的追根溯源二维码

2013 年，中国的一家水果企业率先引入了二维码。与其他产品不同的是，这家名为百色壮乡河谷农业科技有限公司的二维码不是搜索价格，而是可以将水果的详细信息一一呈现。例如，水果的品种、供应商、采摘时间、采摘园名称、联系方式等。

这种独特的二维码一经推出，立刻赢得了市场的一片好评，无论是进货商还是消费者，都可以非常直观地了解到水果的具体信息。这家水果企业的负责人说："总是说高科技和农业无缘，我们偏要打破这个传统，给水果也来一个身份证！水果不同于其他产品，它受生产、运输、保存等诸多环节的影响，所以，我们就想到引入先进的二维码技术，将水果的各个细节都展示出来。'壮乡河谷'的水果，消费者可以通过二维追溯码扫描，查询到施几次肥、打几次农药、怎么运输等相关信息，这样才能买得放心，吃得舒心！”

正是凭借着这种独特的二维码服务，这家公司的水果迅速成为了当地的明星产品，并很快得到了全国各地源源不断的订单。

最特权的二维码：户外音乐节二维码专属通道

近年来，随着户外音乐节在各地不断升温，越来越多的音乐爱好者开始走到室外，参加各种各样的户外大型音乐节。但是，因为人数过多、通道有限，很多音乐节门口都是人满为患，购票的队伍甚至长达数公里，这不仅造成了管理上的压力，同时也被众多观众埋怨。

为了解决类似的问题，如迷笛音乐节、草莓音乐节等，率先发起了二维码专属通道，并在官方主页大力推介——如果观众通过二维码购票，将不必排队，只需在专属通道前出示身份证，即可轻松进入场地。而在专属通道中，观众还将领取特制的精美礼品。这种全新的购票模式一经推出，立刻受到了不少用户的喜爱。目前，刷二维码即可进场的方式已经在一些音乐节上使用，并且开始推广至中小型演出场地，进一步取消了出示身份证的环节，从而更加提高了票务环节的效率，并让场外安全环节得到了更全面的提升。

最大牌的二维码：麦当劳、星巴克的二维码点餐

作为以引领潮流为己任的麦当劳、星巴克，二维码世界里当然少不了这样的巨头品牌。2013 年，麦当劳、星巴克也开始引入二维码点餐服务，这些品牌允许消费者在还未抵达前通过扫描二维码订购食品及付款。

更为奇妙的是，只要扫描二维码，手机就会通过定位技术，将用户附近的麦当劳、星巴克等餐厅全部显示出来。当用户选定了最近的店铺时，手机就会弹出这家店的菜单，这时候用户就可以进行选择，然后直接到麦当劳、星巴克的前台，店员对已生成订单的二维码扫描后，用户就可以直接取餐，免去了排队之苦。

尽管麦当劳的二维码并不算特殊，但是它却表明了这样一个趋势：二维码潮流已经势不可挡，大型品牌也开始使用这一移动互联网技术。可以预见，未来的消费市场，二维码将会成为我们最常见到的标签之一。

最贴心的二维码：平安人寿二维码缴费

作为财大气粗的巨头公司，平安人寿也积极加入到二维码营销的大潮中。据了解，平安人寿是中国保险行业第二家引入二维码扫描续费技术的保险公司。平安人寿的客户只需通过扫描平安系统所发送电子函件中印制的二维码，即能链接到一账通手机登录界面，凭用户名、密码进入应交费保单页面，在确保安全性的同时，轻松快速完成交费动作。

凭借着二维码缴费，很多客户不必再到营业厅通过漫长的排队进行付费。与此同时，平安人寿的二维码缴费系统还在不停更新之中，电话费缴费、煤气水电缴费等也陆续上线，最大限度地满足了客户需求，可谓最贴心的二维码系统。

从这些案例中可以看到，二维码没有任何限制，无论是大牌企业还是中小公司，只要合理利用，就可以产生意想不到的效果。当然，在使用二维码时，我们的基本原则是能给客户带来不一样的体验，感受更加丰富的服务内容，而不是空洞无趣的页面展示。

第四章
让营销更互动：社交网络营销实战指南

移动互联网的财富核心，在于社交网络的使用。新浪微博、微信公众平台……这些社交网络中有着高达数亿的用户，他们讨论社会热点，分享内心独白，更会因为某个品牌的精彩营销，成为这个品牌的拥趸。失去社交网络，就意味着失去了整个移动互联网。所以，社交网络营销实战技巧，是我们在移动互联网时代战无不胜的必备兵法！

社交网络，21 世纪营销的新战场

PC 时代，借助互联网的强大功能，无论个人的消费生活，还是企业的经营管理，都产生了极其深刻的变化。论坛、电子邮件、即时通讯软件、门户网站广告、搜索引擎排名……这些不仅对我们的生活习惯产生了改变，也让传统的商业模式更加呈现多元化的发展特点。

到了移动互联网时代，随着各个公司的营销策略进一步改变，网络营销变得更加司空见惯。而这一切，都源于智能手机的另一项功能强大的应用——社交网络。

可以毫不夸张地说，移动互联网时代，如果不能掌握社交网络营销，你就将与移动互联网时代的财富说再见。

21 世纪的交流工具：社交网络

社交网络的兴起，源于国外的 FaceBook、Twitter 等软件，这类软件的一个显著特点就是——去中心化。在社交平台上，任何人都可以发布自己的信息，无论你是享誉全球的比尔·盖茨，还是默默无闻的打工仔。发布我们看见的精彩，分享我们感动的画面，一瞬间，社交网络打破了传统媒体的严肃和权威，只要我们发布的内容新鲜有趣，那么，任何人都可以获得成千上万的关注与交流。

因为智能手机的便捷实用，以及手机拍照功能、网络连接功能的大大提升，我们不必借助其他工具，只需轻轻一点，写上几行字，即可立即发出。只要不违背相关规定，我们可以发出任何信息，从个人心情到旅行日记，从家长里短到社会热点。

所以，社交网络还有一个更加充满吸引力的名词——自媒体。

每一个人都能成为一个媒体，与身边的好友、天南海北的网友直接交流，这样的情形以前何曾有过？所以，当社交网络借助智能手机出现的那一刹那，立刻就引起了前所未有的风暴。而在国内，以新浪微博、微信为首的手机APP，则是社交网络的核心风暴。2014 年，中国互联网络信息中心发布“第 34 次中国互联网络发展状况统计报告”，其中显示：中国微博用户数 2.75 亿，手机微博用户数达到 1.89 亿；而借助于 QQ 的高用户数量，腾讯旗下的另一款手机社交软件微信，其用户数更是高达 4.59 亿！

这样的数字，是什么概念？这就意味着，几乎每一位拥有智能手机的用户，都会安装社交软件。可以说，从互联网发展至今，没有任何一款产品，能够拥有这样的用户数。

正是因为社交网络的广泛使用，其所衍生的社交网络营销也应运而生。无论微博还是微信，都曾诞生过轰动的营销事件，更将社交网络营销推至风口浪尖。

2012 年 8 月 14 日，京东总裁刘强东在不到 12 小时的时间里，接连发布 24 条微博，向竞争对手苏宁、国美等下战书，保证所有大家电比国美、苏宁连锁店便宜至少 10%，此举一出，京东官方微博大力转发，于此同时光大网友也积极参与讨论。随后，苏宁不得不迎战，即刻宣布如发现苏宁易购价格高于京东，将立刻调价。国美、当当等也迎风而上，不约而同参战，创造了 2012 年最为火爆的社交网络话题。图 4–1 是当年刘强东的微博截图。

图4–1　刘强东微博截图

正是凭借着此次在社交网络掀起的波澜，原本备受资金链困扰的京东商城，在 2012 年年底成功融资。由此可见，社交网络营销会带来多大的杀伤力！

就目前来看，国内新浪微博、微信是社交网络的龙头品牌，其他品牌也有方兴未艾之势。我们需要简单了解下这类社交网络 APP 的特点，这样才能设计不同的营销方案。

先发制人的新浪微博

新浪微博是一个由新浪网推出，提供微型博客服务的社交网站，既有网页版，也有智能手机 APP 版。而随着移动互联网的大举入侵，如今微博用户对于手机客户端的使用，已经渐渐成为主流。2014 年 3 月 17 日晚 9 点半，新浪微博正式登陆纳斯达克，新浪 CEO、新浪微博董事长曹国伟敲响纳斯达克开市钟，宣布新浪微博的影响力和资金实力进一步得到了增强。

据不完全统计，目前新浪微博的企业、组织账号已突破 10 万，诸如联想、微软、IBM 等绝大多数的知名企业，都在新浪微博安营扎寨。可以说，新浪微博已经成为各大企业发布新品和预告活动等的第一平台。

图4-2　新浪微博LOGO

除了这些巨头，诸如地方美食、旅游、休闲类公司和组织的账号更为庞大，可以说，新浪微博俨然成为了各大品牌信息发布的首选渠道。加之用户可以快速转发、评论，新浪微博的用户数一直保持着较高的水准。

新浪微博的特点在于：

任何人都可以参加，每条不能超过 140 个字符，用三言两语的方式传达信息；

只要有网络，随时随地就可以发送；

一经发送，所有粉丝都可以看到，粉丝还可以转发，实现裂变传播；

搜索关键词，将会以时间性进行排序，使得搜索结果更具时效性和鲜活性。

除此之外，新浪微博还提供了话题设计、微访谈、有奖转发等诸多功能，这些都可以帮助企业客户根据自己的特点，展开相应的营销活动。

需要提醒的是：新浪微博支持实名认证，只要符合相关条件，无论个人还是企业，都可以申请带有黄 V 或蓝 V 的认证标志，这样可以更加提升该账号的品牌关注度和可信度。

后来居上的微信

微信是腾讯公司于 2011 年 1 月 21 日推出的一个为智能手机提供即时通讯服务的免费应用程序，与微博相比，它更加注重移动互联网的应用，操作基本上都在手机端完成；同时，它对隐私保护更为严格，例如朋友圈发送的内容，只能关注好友可以看到，而不像新浪微博一般，即使没有关注，依然可以看到其他人发布的内容与信息。

图4-3 微信LOGO

企业客户对于微信的使用，主要在于微信公众平台。企业客户可以通过 PC 端登录微信公众平台，撰写相关内容进行发送。届时，只要关注了微信公众平台的用户，都可获取相关信息。当然，即便是个人创业者，例如小型微商等，也可以注册相关公众平台，在推送给关注人的同时，还可以转发到朋友圈，让自营模式更为丰富。正因为如此，截至 2014 年 12 月份，微信公众平台账号数量已突破 800 万之多。

微信的功能同样非常强大，除了微信公众平台与朋友圈之外，还有以下这些功能：微信支付、漂流瓶、查看附近的人、微信商城、游戏中心、语音记事本等等。熟练使用相应功能，同样可以打开财富之门。

除了微博与微信，还有什么社交 APP

除了新浪微博、微信，目前其他社交 APP 也有不少，但总体而言尚不能撼动新浪微博与微信的地位。在此，我们进行简单介绍，如果合理应用，可以起到与新浪微博、微信互补的作用。

1. 易信

图4-4 易信LOGO

易信是由网易和中国电信联合开发的社交软件，它的特点在于跨网免费短信、免费电话留言功能，实现了 APP 与手机、固定电话的互通。也就是说，即使对方没有安装易信，也可以收到信息，包括短信信息与语音信息。这个模式是这款软件的核心亮点。

2. 陌陌

陌陌诞生于 2011 年 3 月份，由前网易总编辑唐岩创建，联合创始人及核心团队来自网易、新浪、凤凰网等公司。陌陌的商业使用价值，在于其精准的定位系统。微信只是定位到人，而陌陌精准定位了每一个人和商家，通过位置去实现产品商业价值，更多元化，这是陌陌的显著特点。配合群组功能，用户无论到哪个新城市，只要搜索附近的陌陌群，即可获得精准的地理位置，例如“××× 餐饮同盟会”等，从而实现商业化的目的。

图4–5 陌陌LOGO

3. YY 语音

图4–6 YY语音LOGO

YY 语音是一款较为特别的社交应用软件，它的主打功能是语音聊天。最初，这款软件主要应用于游戏领域和娱乐领域，如战队指挥、语音聊天室等，渐渐地一些商业品牌也开始使用这款便捷的社交 APP，例如某些中小品牌的用户欢唱会、沟通会等。相较其他社交 APP，YY 语音的音频功能非常丰富，所以对于一些中小品牌，尤其是微店等卖家和买家群体，有着较为广泛的影响。

其他的社交类 APP 还有很多，但是因为功能特点不够明显，与新浪微博、微信过于接近，或是因为用户使用度较低、没有用户基数，或是主要应用于娱乐、缺乏商业推广价值等原因，在此我们就不做讨论。事实上，只要应用好我们推荐的这几款软件，即可轻松实现社交网络营销的目的。

轻轻松松，注册新浪微博与微信公众平台

新浪微博与微信公众平台是目前两个最为火热、使用度最高的手机社交网络软件，而它们的注册，也都有不同的流程。这一节，我们将详解它们的注册和认证步骤。需要注意的是，尽管这两款软件目前主要应用于智能手机端，但其注册方法，同样需要通过 PC 端完成。

注册新浪微博的方法

首先，我们要输入 http://weibo.com/，进入新浪微博首页，如图 4–7 所示。当出现该画面后，我们点击“立即注册”，进行账号注册。

图4–7　新浪微博首页

为了区分个人用户与企业用户，新浪微博在此进行了分类，以便不同性质的用户注册（图 4–8）。通常情况下，如果我们拥有自己的公司或组织，并且在工商、民政部门进行了相关的注册，那么不妨进行个人、企业账号双注册，以便于在微博里更加便捷的互动与交流。

为什么如此？因为企业账号较为严肃，即便发送的内容充满了轻松和调侃，但依旧属于企业官方所有，它所代表的不是个人，所以会有一定的官方形象；而个人账号则可以轻松许多，适宜从个人的角度去说明问题，这样会显得更加具有亲和力。如此一来，企业账号与个人账号就会发挥各自的优势，取长补短。

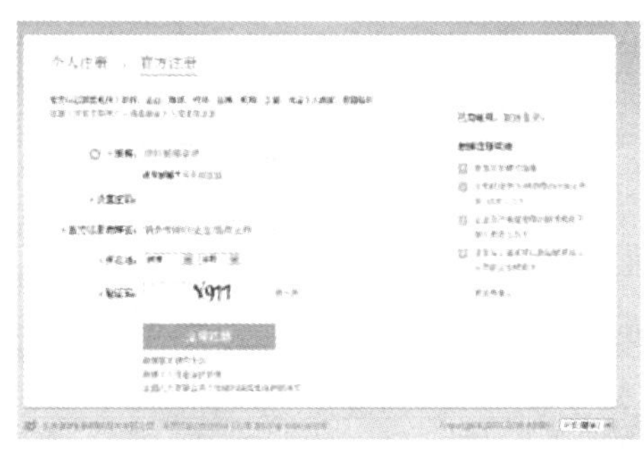

图4–8　新浪微博注册页面

当我们注册成功后，将会进行一系列的资料填写（基本信息、兴趣推荐等），这些内容都非常直观，只需按照要求填写，然后点击下一步，即可完成。填写完成后，就将正式进入到新浪微博的界面。至此，我们就可以在微博的世界里发言了，图 4–9 就是发布内容的输入框，位于个人页面的上端。我们可以编辑相关文字进行发送，还可以插入图片、表情、视频、话题等，只需点击下方相应的按键即可发送。

图4–9 新浪微博信息发布的内容输入框

尽管我们可以正常发送内容，可以与网友互动，但注册环节就此结束了吗？当然不！我们已经说过，新浪微博提供个人与公司、组织的认证，以此提高账号的可信度和真实度，所以相关认证也是必须进行的。

当我们将光标放至新浪微博页面最上面一行的“设置按钮”上，就会出现“V 认证”的选项，点击后就可进入账号认证页面，如图 4–10 所示。在专属的认证页面上，我们可以看到新浪微博对于认证的相应说明（需要达到一定条件方可认证），同时在左侧也提供了相应的“个人认证”与“官方认证”（即企业认证）按钮，选择相应的按钮点击一下，就可以进行认证。

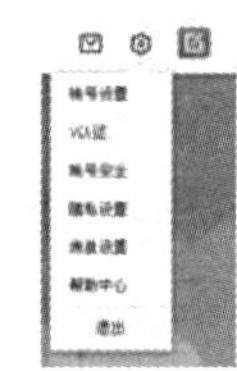

图4–10 新浪微博账号认证页面

在这个阶段，新浪微博将会要求我们提供更为详细的信息，如图 4–11 所示，个人认证需提供姓名、身份证号、电子邮箱、手机联系方式、名片等；公司账号则需要提供营业执照复印件（加盖公章）、授权书等相应资料，并进行上传。

图4–11 新浪微博认证过程中的详细信息填写页面

认证通过时间的快慢，将会由我们提供的资料详尽程度决定。所以，严格按照新浪微博的要求提交相应认证资料，是快速通过认证的关键。通常来说，只要资料完整，一般 1 ～ 3 个工作日，新浪微博就会完成相关审核。届时，在我们的账号右侧，个人账号就将出现黄 V，企业账号就将出现蓝 V，标志着我们的认证顺利通过。

到此为止，新浪微博注册就圆满告一段落，接下来我们就可以借助微博进行社交营销。

注册微信公众平台的方法

对于社交网络营销而言，个人微信传播，例如利用朋友圈、微信群等不失为一个好方法，但是想要凸显高大上的气质，建立微信公众平台是不可或缺的环节。它可以针对关注用户大规模发送信息，还可以配合腾讯授权的第三方平台进行互动活动，因此才会有数以百万计的企业进行相关申请。

申请微信公众平台，首先需要登录 https://mp.weixin.qq.com/，这是微信的唯一官方网站，如图 4–12 所示。进入网页后，点击右上角的“立即注册”，进行账号注册。

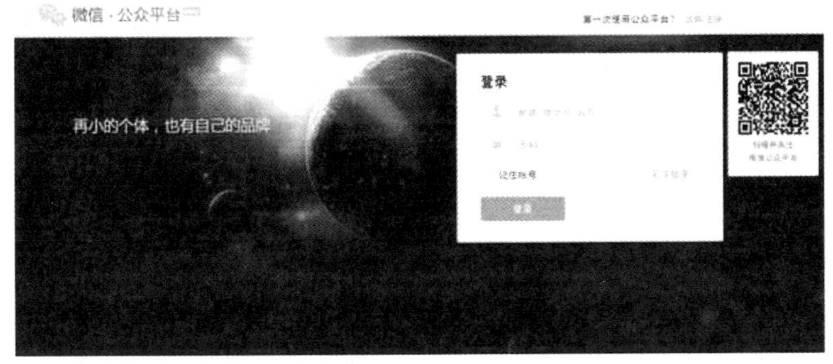

图4–12　微信登录页面

微信公众平台的注册，需要相应邮箱。只要我们选择主流的邮箱，并在填写相应资料后，进入邮箱激活邮件，即可进行下一步操作，如图 4–13 所示。

图4–13　微信注册页面

接下来，我们将继续进行注册操作。在这里，需要按照要求，提供相应的身份信息、选择企业或个人账号、上传相应资料等，即可完成初步信息填写。因为微信公众账号的注册流程会经常出现一些调整，这里就不做过多的图例展示，只要按照所要求的步骤进行即可。

在注册的过程中，有一个细节需要注意，那就是订阅号、服务号的选择。订阅号能够为关注用户提供新的信息传播方式，可以构建与读者之间更好的沟通与管理模式，并且可以每日发送一条，使信息更加快速化，因此对于绝大多数的企业账号而言，订阅号是目前与用户交流的最佳模式。

当然，服务号也有服务号的特点，这种模式虽然每月只能发送 4 条群发信息，但是它会直接显示在聊天列表中，接口功能更多，支持微信支付。所以，用两个邮箱申请两个账号，一个为订阅号，一个为服务号，这也是很多公司的选择，以此做到互相配合。

微信公众账号申请的最后一步，就是进行 LOGO（头像上传）等，完成这些，我们就可以进行信息发布了。与新浪微博相似的是，为了凸显账号的唯一性与可行性，微信也提供了认证服务。在左侧的工具栏中，我们可以看到“微信认证”的按钮，点击进入可以进行认证服务（图 4–14）。

图4–14　微信认证进入页面

与新浪微博不同的是，微信认证需要 300 元的认证费用，这在认证服务里有着明确的说明。点击“开通”，按照流程提交资料并付费，即可完成认证过程（图 4–15）。同时，微信认证页面也提供“申请微信认证”的详细说明书，可以下载阅览。认证成功后，更多的自定义权限将会开启，我们应尽可能申请认证，这样既可以保护品牌的价值，又可以打开更多微信公众平台的功能。

图4–15　微信认证开通页面

需要提醒的是：微信公众平台所发布的内容，都必须在PC端进行编辑，这与我们个人使用微信仅需智能手机的方式有所不同。所以，在运营微信公众平台时，就需要擅长使用PC的人进行操作。

相比较新浪微博，微信公众账号的开发团队显然更有效率，经常会开发新功能、调整旧功能，因此，当我们每次登录微信公众平台时，都应该注意一下微信团队的系统公告。

最后提示大家：一定要在官方网站注册账号；另外，无论新浪微博还是微信公众平台，注册都是完全免费的，即便微信公众平台的认证需要收费，也是在官方网站内详细说明的，有着明确的支付方式，我们切不可轻信其他公司的宣传，随意打款给对方，以免造成不必要的损失。

搭建聚人气和贴心的微平台

微平台，从字面上看，“微”字显然是这个平台的核心。与新浪、搜狐这样的门户大平台相比，微平台显然没有那么庞大的系统。但麻雀虽小，五脏俱全，核心功能——与用户的交互体验是微平台的心脏；能够给客户带来哪些资讯与服务，这是微平台的肝肾；如何通过微平台将自己的产品、服务广为传播或销售，这是微平台的肠胃；而微平台的美工、浏览速度等，则是其吸引人的外貌。

只有做好这几个方面的搭建，才是一个合格的微平台。无论微博还是微信公众账号，这几个要素都不可或缺。接下来，我们将根据事例，找出微博平台与微信平台的搭建与维护方式。

搭建最具人气的微博平台

如今小米手机的火爆程度不必多说，小米之所以能够在互联网时代开创耀眼的成绩，与其微博平台有着密不可分的关系。看一眼小米微博平台的首页（图4–16），我们会发现很多深层次的“秘密”：

图4–16 小米手机的新浪微博页面

有哪些核心点是值得我们注意的？

大幅轮播图：小米手机的活动信息一目了然；

39 分钟：转发达到 120，评论 64，点赞 89。不过半个多小时的时间，就已经收到了粉丝飞快的回应，与客户的互动性极高；

话题指定：# 小米手机学院 # 的话题，是小米官方微博的一个长期活动。这个活动，是粉丝乐于看到并愿意积极回复和转发的。

一张简单的图片，事实上已经告诉了我们一个优秀的微博平台，究竟由哪几部分组合搭建。如果我们也要做一个类似的微博平台，至少要做到这几点：

简洁明了的新品或活动介绍，登录微博平台首页即可看到（轮播图为传播窗口）。

设计多个具有精准客户阅读潜力的话题。小米是手机公司，自然，其所设定的话题也是在手机制造领域的；如果你的企业是一家图书出版公司，那么这样的话题显然不合时宜。

话题的持续性。# 小米手机学院 # 这个话题，小米公司是如此介绍的："每天推送一条小米手机的使用技巧，让你快速成为小米手机达人。关注 # 小米手机学院 #，获得最新的小米手机使用技巧。"由此可见，其持续性是可以保证的。当你成为小米手机的用户后，自然而然就会想要多掌握技巧，因此关注官方账号；当看到非常实用的信息时，你也会轻松一转，让更多的人看到。

这样一来，何愁没有粉丝来关注品牌和产品？所以说，小米公司其实早已走出“饥饿营销”的传统推广模式，利用微博平台建立属于自己的粉丝群体，这才是小米能够走到现在的关键所在。而小米公司的另外一个活动，同样在粉丝中取得了很好的效果：

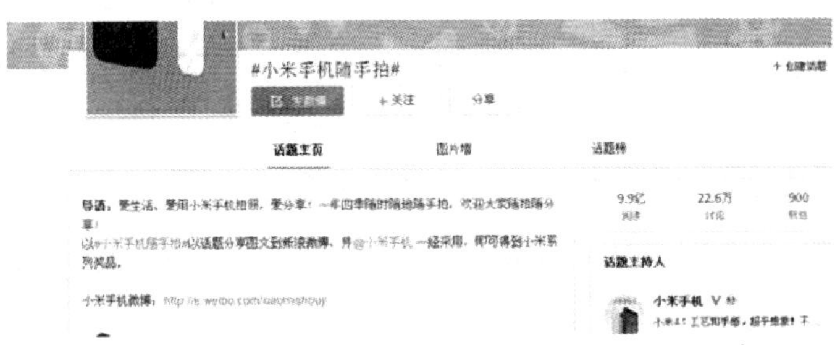

图4-17　小米手机新浪微博页面

接近十亿的阅读量，高达22万次的评论，有了这样的数据，何愁品牌与产品没有知名度？分析#小米手机随手拍#的活动，我们会发现它与微博用户有着很高的契合度：

微博拍照（图4-17），这是玩微博的人都喜欢的。把握住这个心理，随手拍的活动就赢得了最广泛的支持；

定期赠送奖品，在发微博照片的同时，还有可能获得奖品，这种近乎于“天上掉馅饼”的事情，谁不喜欢呢？

针对小米手机官方微博平台的分析，我们暂且告一段落。事实上，微博上还有很多类似的大号可以进行分析，找出其中成功的诀窍。现在，让我们来总结一下微博平台的搭建要素与关键点，做好这几点，不愁没用户：

申请官方账号蓝V，不被认证的账号，是不值得让人相信的账号；

举办各种新品展示，并且在醒目的轮播位做推广；

对公司的重点产品，用最简洁的语言和图片进行推广；

设计2～5个与品牌、产品高度契合的话题活动，让用户买到产品后即可在微博上与网友和官方微博互动，同时，具备持久性，至少每周3次，这样才能保证内容的不断更新；

创建 1 ～ 2 个可以给客户带来直接反馈的活动，奖品、赠品、产品甚至虚拟服务皆可，以此引导粉丝群不只是简单地回复和转发，而是成为这个活动的共同组成部分和参与者、引领者，这样我们的品牌热度将会更高。

创造最为贴心的微信平台

微信平台与微博平台相似却又不尽相同，所以在搭建微信平台时，我们在有交叉的同时又要有所区别。来看一下招商银行的微信界面搭建（图 4–18），这是一个非常具有创意和实用性的界面：

简洁的欢迎界面和说明，让我们对招商银行的服务项目有了非常直观的了解。记住：简单直接，这是微信的核心关键点。不够简洁，很快就会让客户感到厌倦。

接下来，我们观察下方的三个版块时，又会发现还有相关下拉键。下拉“我”和“发现”，会出现什么？

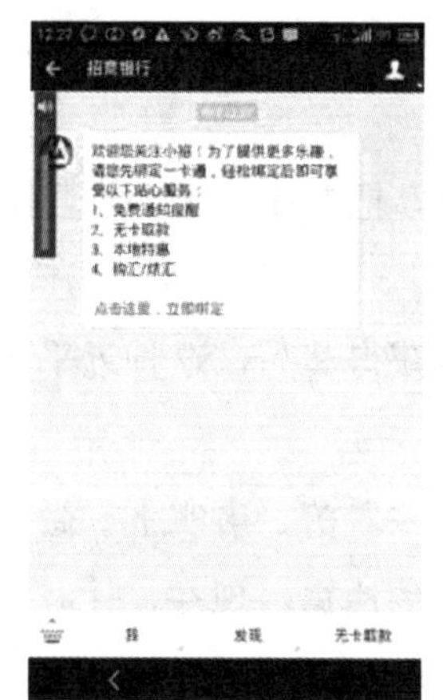

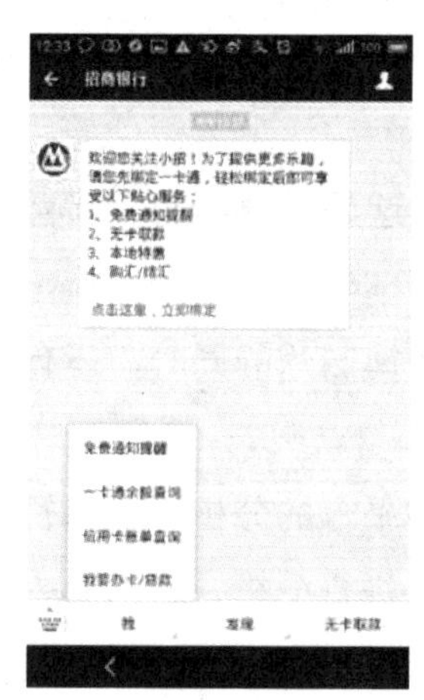

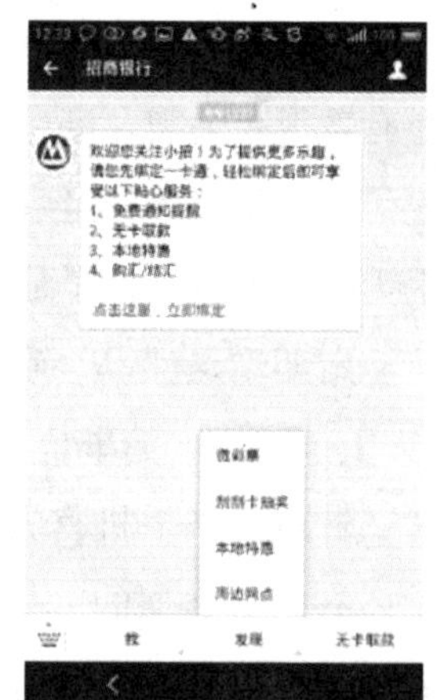

图4–18 招商银行微信页面

我们会发现，免费通知、账单查询、微彩票、本地特惠、周边网点……当这些功能一一展现时，我们会想到哪个词？丰富！轻轻一点，能用得到的金融服务，都在这小小的微信公众账号里！甚至，连团购电影票、美食券都能轻松做到，这种服务自然会赢得“手机依赖族”的青睐。

由此可见，搭建微信平台，有这两个核心点：简洁（却很实用），丰富

（和品牌切合）。

当然，我们做微信平台的目的，不只是给客户提供便捷服务这么简单。感受服务的同时，还能够让客户帮助我们进行品牌传播，这样品牌黏合度才能大大提升。所以，与微博相同的是，我们也要根据客户群体的特点，设计相应的粉丝活动，这才是打造微信平台的关键。

事实上，招商银行微信平台之所以广受好评，正在于活动的接地气：

招商银行曾发起了一个微信“爱心漂流瓶”的活动：微信用户用“漂流瓶”功能捡到招商银行漂流瓶，回复之后招商银行便会通过“小积分，微慈善”平台为自闭症儿童提供帮助。在此活动期间，有媒体统计，用户每捡十次漂流瓶便基本上有一次会捡到招行的爱心漂流瓶。

与微博不同的是，微信的活动更多借助于微信官方的功能，但其本质是一样的：客户能够简单参与，而不是单纯观看；契合“爱心”这个热点，吸引客户通过平台参加活动。

那些成功的微信公众平台，虽然行业不同，但搭建思路与营销思路却是大同小异的。所以，在此我们总结出微信平台的搭建要素与关键点：

按照微信要求进行实名认证，让客户用得放心；

微信更注重手机端的操作，所以所有信息必须简洁快速，各种入口一目了然；

公共消息的推送一定是有意义的，是可以给客户带来知识或直接感受的；如果是活动预告，必须结合相应热点，而不是为了活动而活动；

微信与微博相比更加私人化，所以活动应当以私人化为主，尤其是有可能透露用户信息的；反之，则适合在微博进行传播。

最后需要提醒的是：微博平台与微信平台的侧重点是有一定区别的，它们的属性不同、类型不同，因此在策划活动时应该区分二者的特性，这样才能做到高精准、高效率、高黏合度。

微博平台活动面面观

新浪微博给了我们展示自我的机会，同时，也提供了非常多的主题活动，帮助我们与粉丝进一步互动。如果我们可以将这些活动应用得灵活巧妙，就会在微博上获得很好的话题效果，提升品牌关注度。

有效的微博活动：转发抽奖活动

毫无疑问，“转发抽奖活动”是新浪微博上最具人气的活动，它可以给用户带来最直接的物质反馈，还可以让品牌内容呈现病毒式传播，因而是企业账户和个人账户都非常喜欢的活动。小米、360、锤子手机等纯粹的互联网公司，都喜欢定期举办这样的活动。而每一次活动都会在微博上掀起巨大的波澜，留言、转发数量动辄十万以上，并且在此期间粉丝增加数也呈现递增之势。图 4–19 就是 360 曾经发起过的活动。

图4–19　360游戏导航的转发抽奖活动

可以说，转发抽奖活动是积累用户、提高品牌关注度最有效的方式，它会帮助品牌在活动期内迅速积累起人气。其实，不仅是互联网企业，即便是小小的餐饮店，也可以开展相关的活动：符合转发规则，并且被系统后台抽中的用户，可以享受免费就餐的待遇。相信没有人会对美食产生排斥心理，所以，即便你是一家新店，也可以迅速赢得极大的关注度。如果我们经营着一家小型音乐沙龙厅，同样可以举办这样的活动，抽取一定数量的用户，享受免费欣赏某场音乐会的奖励。

那么，我们该如何发起一场成功的转发抽奖活动呢？

1. 通过微博转发抽奖平台发起

为了保证活动的真实性，新浪微博专门设立了微博转发抽奖平台。几乎所有的正规企业账号，都是通过这个平台进行活动发布的。点击账号，在“营销推广”中，我们会看到“活动中心”这一选项，进入后就会看到“创建活动”的按钮，如图 4–20 所示。根据页面的提示，逐一填写相关信息，我们就可以发起活动。

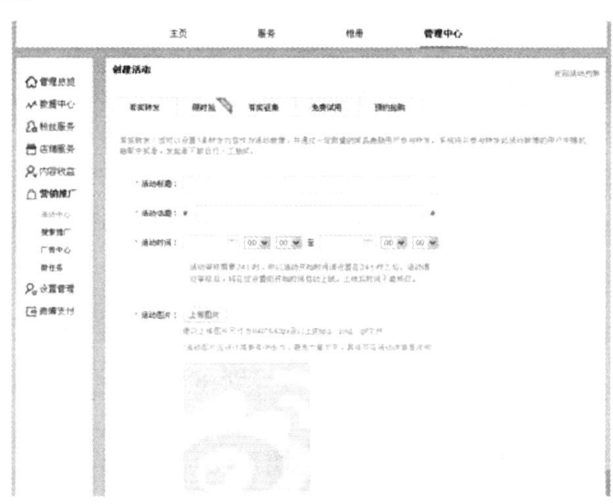

图4–20　微博转发抽奖平台后台截图

切记：我们的活动一定要通过微博转发抽奖平台进行，这样活动才有充分的可信度——新浪作为监督方，将会对品牌的抽奖过程、奖品派发进行监督，保证不会出现徇私舞弊或恶意取消的行为。微博上曾经有不少账号未通过这种模式发起活动，结果出现拒不执行的行为，导致了品牌反受其害，被广大网友所唾弃。

2. 提前撰写好相关文案

活动的发起很容易，但是我们的目的，绝不是做一场活动这么简单，而是期望通过活动提升品牌关注度。所以，在活动正式开始之前，我们需要进行相关的文案撰写：我们是一个怎样的品牌？我们的活动产品是什么，它有什么特质？我们为什么要举办这样的活动？

直击内心的文案 + 转发抽奖活动，这才是一个完整活动的组成。对于文案部分，建议采取文字 + 图片的模式，简单的语言和丰富的画面相配合，这样会给用户带来更加直接的感受。

图 4–21 的活动说明，就很简单且直接，这样可以更加吸引用户的注意力。

图4–21　360手机游戏中心发起的活动

3. 设定好相应细则

成熟的抽奖转发活动，会有一定的细则规定。通常来说，我们需要制定两个规则：关注账号、@三位好友。这样做的目的，就是为了提升品牌的关注度和扩散度。当然，这些细节在微博抽奖转发平台的活动设定时，就需要填写清楚。

对于中奖数量，我们既不可过多，这样会大大增加品牌的成本；同时也不能仅仅一个，这样会让用户觉得根本轮不到自己，导致参与情绪大大降低。3 ～ 5 个中奖名额，是较为平均的数字。同时，我们的活动周期也不可过长，一般控制在三个星期之内。

长期性的微博活动：话题互动

话题活动，也是很多企业账号都会选择的活动类型之一。上一节我们提到的“小米手机学院”，正是这种活动类型的典范。新浪微博的话题设定很简单，只需点击输入框下方的“话题按钮”，即可完成话题制作，相比较转发抽奖活动更加自主。

但是，想要经营好话题活动，依然有很多注意事项：

1. 话题要具有相当程度的热度

一个没有任何亮点，无法激发起任何人讨论的话题，必然是最失败的话题。所以，话题的设计应当充满热度，例如手机使用技巧、图书推荐榜单、音乐分享等，这些都能激发网友进行讨论。

2. 话题要与品牌定位契合

很多品牌都有话题活动，可是效果却很不理想，问题就在于这些话题尽管看起来充满热度，可是却与品牌定位完全没有结合点。例如，一家餐饮企业的微博，却设计了 # 汽车美容大讲堂 # 这样的话题，不仅与品牌气质毫无关系，更与账号的关注用户没有互动点，所以就毫无效果。

真正有效的话题，应当是从品牌本身出发，讨论的内容可以远离品牌，但范围依旧在品牌文化的衍生之内。就像清华同方电视，这个品牌的产品主打就是家庭感、温馨感、幸福感，因此话题的设计尽管不在产品本身，却依旧围绕着“幸福”的概念（图 4–22），因此收到了很好的效果。

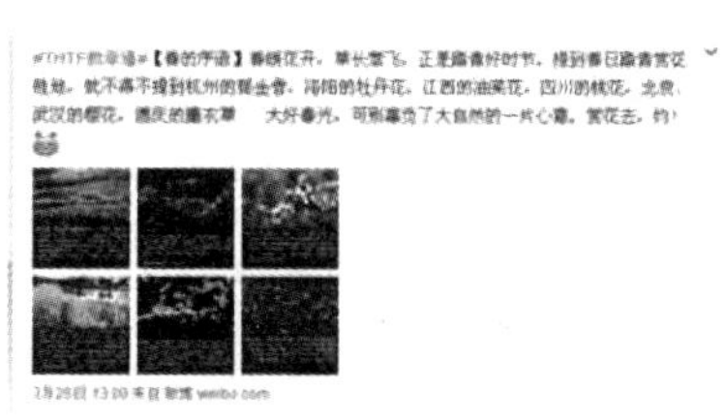

图4–22　清华同方电视官方微博的话题活动

新浪微博的其他活动，如发起大转盘、砸金蛋等，也都在陆续更新的版本中不断增加，这些我们都应当给予关注。但作为核心活动，转发抽奖、话题互动是目前最为有效的用户互动模式。所以，无论我们在微博上开展了多少活动，这两个活动都是必须定期进行的。

体现品牌价值的微博活动：自主开发活动

事实上，除了凭借微博官方平台所开展的活动，我们自己也可以发起一些小型活动，以此使微博活动的类型更为丰富，亲和度更高。

郑州某咖啡店，针对微博开展了这样一个活动：只要用户在店内购买咖啡，上传图片并 @ 该咖啡店官方账号，下次凭借本条微博，即可享受咖啡五折优惠。此活动一经推出，立刻受到了很多咖啡爱好者的欢迎，销售额呈明显上升趋势。

为什么咖啡馆要举办这样的活动？因为当客户拍照上传至微博时，官方账号就可以积极互动转发，而这则信息的内容呈现出的是最纯粹、最真实的店内消费画面，这与官方放出的宣传图有着明显的区别——站在消费者的视角上看服务，呈现更真实的态度。这种由消费者占主导的活动，会起到意想不到的作用。

通过这个案例，我们可以展开很多联想：

服装品牌鼓励用户上传衣着照，享受返现活动；

电子阅读品牌鼓励用户图书分享，享受电子代金券免费领活动；

在特别的日子里举办专场打折活动，凭借微博转发截图，可以尽享高折扣……

总而言之，微博平台的活动和自主开发的活动应当经常组合进行，而不是仅凭一项活动进行社交网络营销。同时，在活动之余，我们还应当注意平日的微博维护，多推出一些有亮点、有互动的创意文案，以此在新浪微博的平台上做出一番成绩。

置顶推荐位：重点活动重点展示

微博每天都会更新，那么，我们该如何才能保证用户能够第一时间就看到并参与呢？凭借着转发当然是好方法，但同时需要将重点活动放至我们首页的指定位置，一旦有新用户关注，就会立刻看到相关信息，这样对活动的推荐就能起到很大的促进作用。

那么，如何将重点活动放置置顶位置呢？首先，我们需要开通微博会员。新浪微博有着明确说明，如果不开通会员，就将无法进行置顶设置。新浪微博定期会举办会员充值折扣活动，在活动期间开通会员，能够起到节省成本的目的。

成为会员后，当我们将鼠标移至需要置顶的微博下拉窗口上点击，就会出现“置顶”的选项。点击“置顶”（图 4–23），这条重点活动的微博，就会出现在我们首页的第一条位置上。

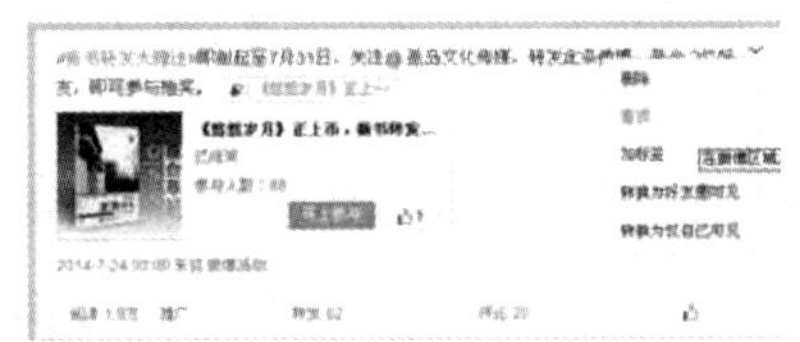

图4–23 新浪微博孤岛文化传媒的置顶位置

玩转微信公众平台就这么简单

作为一个展示的窗口，在玩转微信之前，我们需要对微信公众平台进行简单的设置。“人靠衣装马靠鞍”，只有给用户带来一个清晰、简洁的微信展示窗口，我们才可能吸引用户进一步浏览微信公众平台的方方面面。

那么，对于微信的基本设置，我们应该遵循怎样的原则？一般来说，我们应当从账号基本设置、页面基本设置、回复基本设置几个方面入手。

做好账号基本设置，品牌概念一目了然

1. 微信号简单明了

就像每个人都有一个身份证号码一样，每一个微信，也都有一个属于自己的账号。当我们申请了公众平台之后，进入“公众号设置”，就可以看到“设置微信号”的选项（图 4–24）。

图4–24　微信公众平台的账号设置

为了便于用户搜索，在设置微信号的时候，我们应当遵循简单明了的原则。例如，meizhuang1314，这样的微信号既可以凸显“美妆”、“一生一世”的概念，同时还与品牌结合较为密切（假设你的品牌是美妆品牌），这样很容易让用户记住。反之，如果你的微信号是“DSAAGE3GD”，让人不能理解到底是什么，那么谁还会主动去搜索关注你？

2. 微信昵称与品牌接近

微信号是身份证号，而微信昵称，则是我们的姓名。相比较微信号，微信昵称就显得更加重要，毕竟很多人主要是通过昵称进行搜索的。所以，微信昵称的一个原则就是：与品牌接近。例如小米的微信昵称，就叫“小米手机”，招商银行的微信昵称，就叫“招商银行”。太过复杂的英文，或者是以

成语等为主的昵称，尽管看起来似乎很有品位，但是却让人摸不着头脑，不了解品牌到底是做什么的，这样的昵称自然是毫无意义的，倒不如以品牌名称为基准来的让人印象深刻。

3. 头像的设置

对于头像的设置，企业账号自然是以LOGO为佳，个人账号以自己的头像为佳，这样才很容易让人识别。当然，如果不是特别希望自己的头像出现，那么不妨进行艺术化的加工，例如进行卡通形象设置。需要注意的是，无论是真人照还是卡通照，都要以端庄正式为基准，过于非主流的形象还是避免为妙，以免给用户带来非常不好的印象。

做好页面基本设置，用户体验精准便捷

当我们关注了某公共账号时，就会弹出相应的页面，这个页面上的内容，同样也要进行相应的设置。

1. 账号简介新颖不落俗

账号简介，是微信公众平台带给用户的第一印象。寥寥一二百字，我们就应该将账号的功能、特点进行全方位展示。而一个优秀的账号简介，绝不是公司简介或业务罗列，而是通过简短的语言突出个性。例如，“浮躁的年代，我们该如何学会优雅从容。用阅读改变我们的精神世界，借文化的力量洗涤心灵。”这样的文案内容，更能给人带来一种心灵的慰藉，一开始就会给用户带来良好的体验。

笔者曾经看过一家餐饮品牌的账号简介，同样给人带来很好的第一印象：“匆匆的脚步，永远也追不上时间的飞逝。那么，不妨让我们在‘小城故事’美食主题吧里，用音乐体会温度，用故事改编生活……”

2. 底部菜单栏的设置不宜过多

微信为我们提供了底部菜单栏的设置，可以帮助用户快速找到一些功能的分类，这是一个非常能吸引客户的功能。尤其对于一些大品牌来说，服务类型与模式众多，分类会满足不同客户的不同需要。

不过，底层工具栏的开放，不代表我们就可以毫无顾忌：过多的选项，不仅不会给用户带来方便，反而还会因为界面过多，导致较差的用户体验。

毕竟，智能手机的屏幕尺寸有限，不可能所有菜单都如 PC 端一般，可以尽情地展开。

一般来说，底层工具栏的三个主选项下，各自的分类内容不宜超过五个，这样既能给用户带来丰富的选择，又可以让整个界面显得更加清晰、有条理。以“交通银行信用卡”为例（图 4–25），它的下拉就都控制在五个之内，而每一项功能又都是近期推荐和用户最常使用的。

图4–25　交通银行信用卡微信公众平台的页面设置

生成回复基本设置，给用户自助的空间

微信公众平台还有一个重要的功能，那就是回复。如果能将回复做得巧妙，同样能够大大提升用户的黏合度。那么，我们该如何开启这个功能，又有哪些注意事项呢？

1. 开启功能

登录微信公众平台后，点击左侧的“自动回复”键，即可看到自动回复的设置版块。点击“开启”，即可看到具体的自动回复设置模块（图 4–26）。

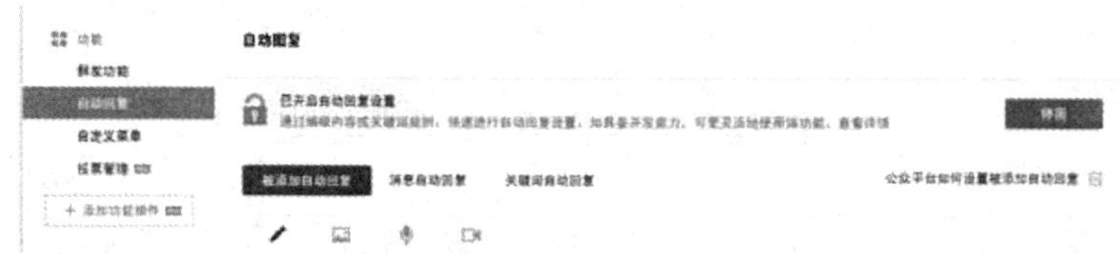

图4-26 微信公众平台的回复设置

这时我们可以看到，微信提供了“被添加自动回复”，即当有用户首次关注账号时，将会自动回复的内容。这里非常适合添加公众账号的基本信息，如运营公司、业务范围、联系电话、平台说明等，还可以输入“消息自动回复“、”“关键词自动回复”的信息，带给用户一个全面的介绍。

“消息自动回复”，是用户在对话框中输入任何内容时，微信公众账号都会发送统一的内容给用户。因为这个功能过于标准化，不能完全展现品牌的各个细节，有时候反而还会给客户带来机械化、刻板化的印象，所以笔者并不推荐使用这个回复模式。

“关键词自动回复”，则是当用户在对话框中输入指定的内容时，平台会发送相对应的内容，这是自动回复中最引人瞩目的功能。例如，我们设定了不同的关键词，如“特价产品”、“新品上市”等，当用户分别键入不同的关键词，就会收到“特价产品”或“新品上市”的相关信息。这样一来，用户就可以更加便捷地查询到自己想要获取的信息，而不是只能被动地接受。

灵活使用“关键词自动回复”功能，是运营微信公众平台的一个关键点，例如当月折扣全信息、互动活动说明、历史精品文章回顾等，都可以通过此功能查询。所以，对于这个功能的使用，我们应当加以重视。

2. 如何让用户获取回复信息

无论哪种回复，都需要通过相应的数字或关键词输入，那么我们该如何告知用户回复方式呢？一种是在用户首次关注时，通过“被添加自动回复”的内容说明；另一种则是在内文的最后，为用户提供说明，如图 4–27 所示。

图4-27　孤岛文化传媒微信后缀图

一般来说，这样的信息“被添加自动回复”和内文说明都应当有，这样才能将信息最大限度地散播出去。

从账号设置到页面设置再到回复设置，当我们将这三个版块做到足够优秀时，就会给用户带来眼前一亮的感受。当用户对我们的账号产生好感时，接下来的内容推送等就将顺风顺水，最后将用户彻底发展成品牌的粉丝。

内容为王：微信运营的核心技巧

凭借着各种活动，我们能够在新浪微博平台如鱼得水；同样，巧妙使用各种技巧，我们也可以在微信公众平台上做得风生水起。这一节，我们就将针对微信公众平台展开说明，看一看究竟有哪些技巧，可以帮助我们打开微信营销的大门？

内容为王：微信平台的不二法则

如何判断我们的微信公众平台是否成功？一个关键的指标就是：真实的粉丝数量有多少。那么，如何让粉丝数量自然增加？也许，你想到的是高频次地发内容。但是，我们是否想过这样一个问题：如果将工作的所有重点，都放在了数量和频次上，却不关注内容与服务，忘记用户的需求，会产生怎样的后果？用户会将这些信息看成垃圾邮件，久而久之取消关注，这是必然的归宿。

那么，如何才能源源不断地吸引粉丝？唯一的答案就是——内容为王。用最优质的内容吸引粉丝，然后凭借着粉丝转发至朋友圈，吸引朋友的朋友关注。只有这样，我们的微信账号才是有价值的，才能自然而然地增加粉丝。

那么，如何做好内容方面呢？唯一的原则就是：把握粉丝群的心理和品牌特点，文章的创作与选取都要紧扣这两点。一个汽车品牌的微信账号，每天发送的却是影评、餐饮信息，自然不可能赢得客户的尊重。

更重要的一点是：要经常有独家、原创的内容进行推送。

图 4–28 是湛庐文化的微信内容，它紧扣图书领域，与湛庐文化的出版公司属性相结合；同时，编辑根据读者的心理，精心制作了独家图书推荐榜单，自然就会受到湛庐文化的粉丝群喜爱。这样的微信，才是有意义、有价值的。

图4–28 湛庐文化的微信页面

巧分组，巧发送

对于用户，微信公众平台为我们提供了分组管理的功能。这个看似不起眼的功能，给了我们一个机会：对客户进行分级。分级的模式有很多，主流的模式主要是通过时间划分：新用户与老用户。针对这两种用户，我们可以发布不同的内容，新用户主要用来炒作，刺激他们进行朋友圈转发；老用户则主要进行深度维护，进一步激发他们与品牌的联系。

为什么不建议根据职业、年龄、性别进行分组？关键一点在于我们很难通过简单的账号介绍就得出结论，并且很多用户在填写资料时是随手一写，具有很大的不真实成分，而我们又不可能逐个信息详细了解，这样既带来了不可想象的工作量，又会给用户带来窥探隐私的不好印象。

别败在小细节上

文章的内容足够精彩，不等于就是完美的文章。在编辑内容时，我们更要关注内文的细节，例如标点使用、分段、错别字等，这都需要多次审核与推敲。也许有的用户对此不会特别在意，但是对于细心的用户来说，几个不恰当的用词，就会让他们产生强烈的不满。而这类用户，恰恰是最容易发展成品牌粉丝的人，所以文章的校对一定要多次进行。

除此之外，排版美化也是一项重要的工作。在小小的手机上进行阅读，我们必须对字体、字号有所注意，不能让用户觉得字体太小，根本无法阅读；而在较长的文章中间，应当插入与文章相匹配的图片，以此降低用户的阅读疲劳，不至于觉得密密麻麻都是字。形成一套独特风格的排版设计，是提升品牌好感度的渠道之一。

其实，在每一次内容发送之前，微信都提供预览，可以将内容发送到某一台指定的手机上，这就给了我们进行最终审核的机会。千万不要图省事跳过此步，有时候仅需短短的几分钟，就可以将文章内的硬伤审查出来。

转载文，真的只是简单转载吗

任何一个品牌，都很难做到所有的推送内容都是完全原创的，遇到创作瓶颈是非常正常的事情。这个时候，我们就需要寻找一些与品牌定位类似的文章进行转载。那么，对于这种转载文，我们又该如何操作呢？

1. 以原创文章的态度做编辑

尽管转载文并非自己创作，但是它依然是用户的阅读内容。所以，对于转载文我们不能随便下载一篇就放上去，而是应当以做原创文的态度，去选择真正能给用户带来价值的文章；同时，我们一样要做好校对、版面设计的工作，让转载文与原创文章形成共同的风格。否则，用户久而久之会觉得这些文章不过是品牌敷衍了事罢了，对品牌的好感度也会降低。

2. 注明来源，提升版权意识

是否注明转载文的作者和来源，是否添加原文链接？这对于很多微信账号来说，是很困扰的问题。笔者建议，注明来源是非常有必要的事情。一方面，是为了尊重原作者，避免将来出现不必要的麻烦；另一方面，更给用户传达出了这样一种态度——我们的账号是值得信任的，不存在抄袭的行为，即便引用，也会最大限度地保留来源及作者相关信息。这样做，我们才能建立起品牌高度，让微信账号成为真正的高大上，而不是被人理解成滥竽充数之辈。

贴合实际，努力发展差异化

微信公众账号多达百万，如何从同类型的竞争对手中脱颖而出？硬碰硬显然是不切实际的。例如，一些账号主要去做社会热点新闻，但是，在各种传统媒体的微信公众账号之下，如 CCTV、搜狐网等等，我们怎么可能有获得成功的机会？

所以，唯有贴合实际，努力发展差异化才是账号成功的关键——基于自身的产品和用户的特点，去推送相关内容。新闻媒体类账号，不妨转战地方新闻，挖掘大型媒体很难注意到的社会百态；服务类账号，例如休闲山庄，不妨多发一发周边特色景点等内容。在夹缝中求生存，将触角伸到大账号很难碰到的角落，这样我们的账号才有价值，才有关注度，才有竞争力。

事实上，微信营销的关键点，就在于推送的内容价值。做好这一点，我们才能在微信平台上站稳脚跟。而其他诸如大转盘、底部菜单分类等，都是延伸功能和附属功能，唯有把握住“内容为王”的精髓，这些手段才能发挥作用，起到应有的效果。有时候，过多的功能分类，还会给用户带来干扰——微信的根本，始终是社交网络工具，使用微信最重要的目的是交流和分享。所以，多在内容上下工夫吧，这样我们才能够脱颖而出！

信息维护：社交网络不可缺少的工作

在社交网络中进行营销推广，使我们成为了社交网络沟通中密不可分的一分子。朋友之间的交流，尚且需要维护——与朋友不断进行交流，同时随着交流的加深，话题也产生变化；社交网络的营销也是如此，无论新浪微博、微信抑或其他平台，信息维护是品牌产生源源不断动力的源泉。

那么，对于社交网络而言，什么才是需要做的维护呢？

及时反馈客户，第一时间解决诉求

无论微博还是微信，都有一个功能：用户可以直接与账号进行沟通。新浪微博的模式主要是 @ 或私信：用户在发布微博时，如果 @ 了我们的账号，或者通过私信功能与我们说了悄悄话，那么就会有信息弹出，并伴随着提示音；微信也是一样，用户直接在输入口发送内容，我们就可以通过后台看到相应的内容。

这一点，是不是很像传统的咨询电话、售后电话？只不过，新浪微博、微信将这个功能更加移动化，不再需要单纯的语音交流。但无论形式如何变化，用户都会有这样一种心理：既然我联系你，那么就是有事情需要沟通，我需要最快的答复！

对于新浪微博和微信，我们要做的不仅是发布内容，更要通过这样的平台解决用户的问题，提升与用户的互动程度。试想，如果我们的账户从来不回复用户的咨询信息，那么久而久之会怎样？用户必然会觉得账号不过是个机器罢了，它只是营销机器，不是能够解决问题、有血有肉的人！

所以，对于维护相关账号的人来说，除了日常的更新外，还必须做到：每天至少三次登录账户，早中晚各一次，一旦发现有客户的具体咨询、投诉等信息，就必须立刻对用户进行回复。即便当时暂时没有解决的方法，也要表现出诚恳的态度，并做出相应承诺，在何时可以解决相应问题。

即便在周末，或是当天没有内容需要发布，也要至少一天三次登录账号，第一时间回复信息，这是必不可少的。唯有如此，我们的账户才会有血有肉，更加体现人性化的特点。

定时搜索，发现隐藏在背后的用户心理

对于新浪微博而言，很多时候客户对于某个品牌的议论，不一定 @ 品牌

账号，而是用单纯的发泄式语言进行抱怨。而他的粉丝，就会看到这则信息，也许会转发，也许会评论，甚至形成热门话题。而身为账号品牌的我们，却一切都不知晓，导致一些原本很容易处理的问题，却不断发酵。

那么，我们该如何解决这个问题呢？方法很简单：定时搜索。

微博提供了搜索功能，我们可以检索关键词，发现有哪些网友发布了哪些言论。搜索功能的使用方法很简单：在页面的最上方，有一个搜索的界面，只需输入关键词，然后单击搜索符号，即可查看相应的信息（图 4-29）。

图4-29　新浪微博的搜索功能

搜索的目的，就在于挖掘更深层次的问题，然后及时进行回复，将有可能形成的大问题，及时提前化解。那么，我们定时搜索的频率应该控制在多少呢？笔者建议：如果品牌有专门的微博运营人，那么就要保证每小时搜索一次；如果人员配置尚未完整，至少也要保证每天三次。

当然，进行相关搜索的目的，不仅仅是解决问题，更是为了统计问题：针对品牌，有多少人针对哪些问题进行了抱怨？针对优点，又有多少人写出了自己的体会？这些内容我们都需要根据不同的分类进行统计，每天做出相应表格。久而久之，就形成了一个数据库，可以为我们的品牌建设给出最直接的建议。事实上，这正是一种大数据的应用。

开发再开发，互动永不停

信息维护还有一个重要的工作，那就是不断开发全新的内容互动。毕竟，没有人喜欢一成不变的形态，即便是极受欢迎的 IPHONE 手机，每年也会推出一款全新的产品，并且从工业设计到系统设计都会进行更深度的创新。

社交网络也是如此，我们需要不断创新。对于新浪微博而言，除了不断发布的转发抽奖活动，话题互动、自主开发的活动，也应当根据实际情况进行调整。

1. 新浪微博的创新

新浪微博的创新，主要依据这几个原则：市场变化、季节变化、受众群变化。

例如，你的品牌是数码3C品牌，那么当有全新的手机上市时，我们所发布的话题，应当是#全面解析××手机#，而当这款手机成为市场焦点时，我们的话题则应当适时发展为#看看达人如何玩转××手机#。把握市场动态，不断调整话题，这样才能吸引用户讨论。

再如，你的品牌是餐饮服务，那么根据季节变化，我们的话题则应当呈现当季风格，#春季如何吃避免干燥#，#夏季如何吃远离酷暑#等，适当结合本品牌旗下的餐饮服务，会给用户带来最直接的心灵温暖，而不是一年四季一成不变的空洞化宣传。

再如，你的品牌主要服务于学生群体，而随着时间的变化，最早的一批用户已经离开学校，这个时候，我们能否发起“现在与过去PK图”的活动，让用户对比曾经与现在，从而发出对青春的感慨，并给予相应物质回馈，让已经不是受众群的用户，继续成为我们的用户？

创新的方法还有很多，在这里不再一一列举。只要我们围绕着市场变化、季节变化、受众群变化这三个核心点，就可以不断挖掘出全新的内容。

2. 微信的创新

微信的私密性较之新浪微博更为深入，所以表面上看起来，它的创新似乎更少，无外乎内容上的不断拓展。但事实上，微信公众平台在不断扩大其功能性，尤其是对于第三方应用的兼容与开发，所以，微信公众平台的创新，更大程度上依赖于第三方应用的创新。

例如，第三方应用提供了大转盘的游戏，我们能否适时加入？第三方应用提供了单品页面展示的功能，我们能否及时通知用户？第三方应用提供了在线点评的功能，我们能否及时将其上线？

微信公众平台提供了越来越丰富的第三方接口应用，我们不妨在这个方面下下工夫。

当然，微信公众平台本身不是不可以进行创新，例如页面风格、底部图调整等，同样可以在经历了一段时间后进行调整。与此同时，用户可以直接参与的活动，例如“有奖征文”、“传图片，享好礼”等，也可以根据用户的参与度进行调整、更换。尤其是对侧重于媒体类的微信公众账号，更适合进行这方面的改进。

归根到底，我们需要将社交网络营销看成是一场足球赛：根据场上不同时间段呈现出的不同局面，进行相关战术调整、人员更换等，这样才能保证账号充满活力，给用户带来一轮轮全新的惊喜。

杜绝任性，社交网络营销不能随心所欲

尽管在移动互联网时代，我们可以凭借社交网络展开丰富的营销活动，但是这其中依然有很多需要注意的细节点。这些细节，有的侧重于社交网络本身，有的则侧重于技术层面，我们必须提高认识，这样才能避免踩到陷阱。

社交网络不是营销网络

对于社交网络营销，我们的主战场主要集中于新浪微博与微信公众平台。为了最大化地进行营销，我们的新媒体团队每天都在发送着营销内容，每时每刻监测着用户的动态，可是为什么在初期的火热和辉煌之后，用户的参与度、互动度都大为降低？

原因很简单：我们将这些优秀的社交网络产品，变成了单纯的网络营销产品。

无论新浪微博、微信，它的第一功能是什么？社交。也就是说，这些软件给我们提供的首要功能是进行交流，与朋友交流，与网友交流。借助小小的智能手机，我们与更多的人找到相同的心理诉求，接近的兴趣爱好，然后进行讨论和分享。而营销的开发，正是建立在这个基础之上的，没有兴趣点，只剩下单纯的广告推送，这样的社交网络营销，必然是充满过多商业味道，让人反感的。

试想，如果你到了一家游乐园，这里的一切都透露出让你花钱的企图，即便长椅上也挂着“坐一次五元钱”的牌子，你会有何种感受？恐怕早已愤

怒地离开。

新浪微博、微信公众平台也是如此。无论我们在这些社交网络中进行怎样的营销，永远都不要忘了这一点：这里是社交网络，它可以帮助我们进行营销，但不等于它就是单纯的营销工具。

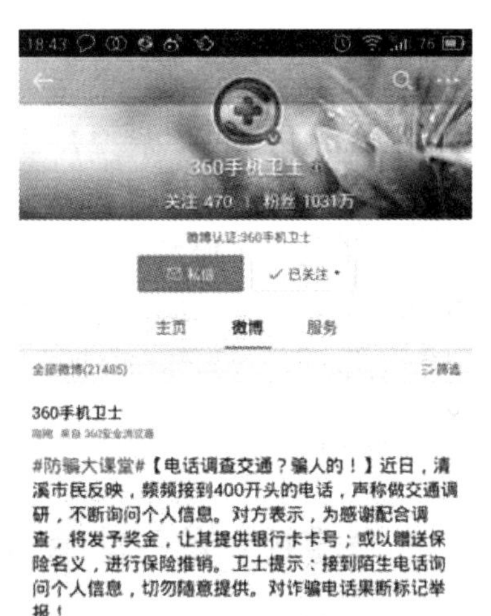

图4–30　360手机卫士微博页面

想明白了这一点，再进行社交网络营销时，我们就应该放弃过多、过频的营销内容，适度增加一些真正有利于社交的内容发布。这一点，360 手机卫士就做得很值得学习：

图 4–30 这则微博内容，本身与 360 手机卫士并无直接关系，并没有推荐任何自己品牌的产品，而是带来一个防骗的话题，提醒所有粉丝注意相关安全。正是因为没有广告性质，同时带有公益特点，才冲淡了官方账号本身带有的商业气质，这会给用户带来一种朋友般的亲切感，因此粉丝自然不断增长。

微信公众平台也是如此，一些中小微信账号，也同样关注“社交”的概念，淡化“营销”的情感，同样能获得不断的关注。例如这个名为孤岛文化传媒的微信公众平台（图 4–31）：

图4–31　孤岛文化传媒微信页面

这个平台有自己的经营内容，同时也有相关推送，但在此基础上，它们设立了“每日投稿活动平台”，鼓励大家进行文学创作，每日选择一篇来稿进行展示，并且还有图片配合、小编点评等，让所有关注人都可以进行社交分享，而不是机械地接收信息，从而将微信的社交功能真正发挥到最大化。

无论是大品牌的360手机卫士还是小品牌的孤岛文化传媒，它们的共同特点都是杜绝单一的营销，适时将社交功能还给客户，这才是一个成熟的公司所应有的社交网络营销特质。

如果是一个餐饮品牌，除了推送菜品、服务之外，还可以分享什么？烹饪技巧，时令时蔬特点，健康餐饮的方式等；

如果是一个服装品牌，除了推送本店服装信息之外，还可以分享什么？服装搭配技巧，当季流行指南，著名城市的著名服装店铺等；

……

如果你有这样的思维，就能助自己的社交网络营销更上一层楼。

尊重用户的智能手机习惯

移动互联网时代的营销，手段呈现多样化，长微博、图文信息、视频营销等，可谓五花八门应有尽有。而那些能够在社交网络中最大限度吸引用户的账号，也是将这些手段使用得炉火纯青的账号。

可是，在我们让营销内容丰富、丰富再丰富的同时，是否想到了以下这几个问题？

1. 内容幅度有多长

智能手机阅读时代，有一个显著的特点就是：阅读呈现碎片化。也就是说，所有的内容都是非常简短、精悍的，否则新浪微博不会出台每条信息不超过140字的限制。这一点，既是由手机屏幕决定的——我们不能要求用户阅读一篇文章拇指要翻动几十次，这会给用户带来极大的疲劳感；也是由生活习惯决定的——使用智能手机通常都在闲暇之时，例如坐车、休闲、睡前等等，很少有人专门抱着手机，放下手头的要紧事去阅读。

一些品牌在制作社交网络营销内容时，动辄就是几十页甚至上百页，这就很难让用户获得极佳的体验，反而产生了强烈的疲劳感。通常而言，我们的内容幅度，尽可能控制在拇指滑动5次之内，这样用户既可以被精彩的内容所吸引，又不会因为视觉疲劳而放弃。

当然，不是不可以制作超长的内容，但是这种类型的内容通常数量极少，除非是深度挖掘等，否则不适宜轻易使用，控制每个月不超过4篇。同时，我们还应当提供 PC 端阅读链接，便于用户在更适合长阅读的 PC 前，静下心来阅读。

2. 图片虽好，也要注意用户习惯

图文模式，可以说是最受欢迎的网络营销模式之一。看一看新浪微博上 ID 名为“天才小熊猫”的账号，几乎每篇微博都是长微博“图片 + 文字”的模式，而他的回复率、转发率也高得惊人，就可以知道图文模式会在用户群中取得怎样的效果。

图文模式尽管形式丰富、内容具有亲和力，可是不要忘记一件事：

绝大多数的智能手机用户，都需要实用流量进行浏览。想想看，是否每到月底时，身边的朋友就会抱怨流量不够用？为了避免产生高额的流量费，不少用户不得不忍痛割爱，将上网模式关闭。

而图片，正是产生大流量的主要源头。诸如 UC 浏览器等，都有“无图模式浏览”的选项。

所以，在我们进行图文模式内容编辑时，首先要对图片数量进行限定，一般以不超过 9 张为宜，一方面是为了给用户节省流量，同时也避免出现太过冗长的篇幅；另外，图片要进行后期体积压缩。尤其对于单反相机的照片而言，动辄 5M 的大小，是很容易产生高额流量费的。通过 PhotoShop、光影魔术手等软件将图片尺寸压缩至 500K 之内，这样就可以满足用户以较小的流量阅读精彩图文的诉求。

3. 注意信息推送的时间点

相信每一位读者，都有过这样的体验：午夜睡至正酣时，或是早上正在开会时，突然有短信发至，吵闹的提示音给自己的生活、工作带来了极其不好的影响。

对于智能手机而言，这样的情形同样存在。尤其是微信公众平台，当我们进行消息推送时，用户的手机就会发出或长或短的提示音。提醒用户阅读是好事，可是如果这种提示变成了骚扰，就显得有些得不偿失了。

所以，对于会产生提示音的服务，如微信公众平台、APP 等，我们的推送时间就要有所注意，避免在早上 9 ～ 11 点和下午 4 ～ 5 点发送，这个时间段通常都是工作最忙碌，并且会议最为集中的时间段；同时要避免晚上 10 点之后推送，这个时间段有不少用户选择了上床休息。

▶ 经典案例：引爆潮流的微博与微信营销事件

每一年，社交网络上都会诞生最为火爆的营销事件，吸引着广大网友的热烈讨论。这些营销手段，一次次促进着品牌的升级与进化，时至今日依然有各种营销推广事件不断产生。在此，我们精选了近年来在微博与微信上异常火爆的营销案例，为我们的社交网络营销提供思路与建议。

微博篇：让人眼前一亮的微博营销

1.《后会无期》的微博营销

2014 年，知名作家韩寒推出了自己的第一部电影《后会无期》。凭借着强大的微博营销，这部电影最终达到了惊人的 6.5 亿票房。而这次微博营销，也成为了微博上的热门话题。

2014 年 1 月 31 日，韩寒更新微博内容，将自己女儿小野的照片上传至网络，顿时引起巨大的讨论热潮，很多网友在回复中称韩寒为“岳父大人”，“国民岳父”的美名就此迅速走红。而此时，正是《后会无期》的前期预热宣传阶段。各大明星也纷纷加入了“国民岳父”的话题讨论之中，很短的时间内，这个话题讨论量超过 10 万，阅读达到 121 万，为电影的前期宣传做足了噱头。

随着影片上映时间的临近，《后会无期》剧组也开始了更广泛的微博话题讨论，其中三部主题 MV 成为热门——当红歌手邓紫棋、文艺青年朴树的陆续登场，给电影造足了话题。尤其是《平凡之路》，宣布了朴树的复出，带有 80 后回忆的气氛，让该 MV 转发量突破 40 万。同时，剧组发起的“造句大赛”，也引发了网友大规模的互动。电影尚未上映之时，《后会无期》就已经成为了微博上持续多周的热门话题，而电影最终也造就了 6.5 亿高票房。

2. 雪花啤酒的微博营销

2013 年，知名啤酒品牌雪花啤酒，在新浪微博上发起了 # 雪花勇闯天涯

翻越喜马拉雅 # 的活动。因为品牌与本次活动的契合度非常高，所以立刻在微博上引起了广泛的关注。首先雪花啤酒发起了全国招募赛，各地区优胜者将加入雪花勇闯天涯终极队伍，于 9 月中旬从拉萨启程，徒步翻越喜马拉雅山脉，在人类登顶珠峰 60 周年之际，以极限挑战方式向世界高度致敬。

这次活动，雪花啤酒尝试了线上与线下相结合的模式——微博平台不断推广此次活动的内容和意义，同时积极与网友互动，而线下则举办初期的选拔赛。随后，雪花啤酒做出了一个大胆的尝试：微博同步直播整个选拔赛。

一瞬间，网友的热情被大大激发，9 月全程微博直播的勇闯天涯整个历程，吸引了非常多的粉丝的前期参与和后期关注。而雪花啤酒也因为这次微博营销，进一步打开了市场的知名度。

3. 红牛的微博营销

2014 年，红牛饮料的微博营销能够成功，关键就在于与冬奥会的结合，以及“神文案”的撰写。俄罗斯索契冬奥会是一次全球性的体育盛会，吸引了全球目光，而 2 月 8 日凌晨开幕式却出现了戏剧性的一幕：奥运五环有一个环没有打开，敏感的企业开始抓住机会借势营销，红牛也借势推广其“能量”诉求，吸引体育爱好者的目光。图 4–32 就是当时红牛的微博活动海报。

红牛饮料的这次微博策划，主要把握住了这几个关键点：以最快的速度，跟进社会热点，同时创意文案精彩十足；将红牛的品牌精神与“五环事件”巧妙结合；横跨体育界、运动饮料界、营销界，话题能够得到最广泛的讨论。

图4–32　红牛微博活动海报

正是这样的一款“神文案”，让网友原本对于索契冬奥会的负面评价，迅速转为正能量。“失误代表着不完美，但更代表着进步的空间”的观点，迅速得到了众多网友的认同，甚至还发起了相关的话题讨论活动。而红牛饮料本身的定位就是挖掘潜能，所以，产品与文案、社会热点达到了高度的结合，因此品牌及产品功能得到了很好的传播。

4. 洽洽瓜子的微博营销

2014 年是世界杯举办的年份，这样一个世界第一运动的盛会，自然是各大品牌都不会错过的营销宣传事件。而在众多品牌当中，洽洽瓜子无疑做到了极致。

首先，洽洽瓜子结合了世界杯与当时流行的板画风，图 4–33 一类的图片一经推出，立刻得到了众多网友的追捧。它新鲜，它时尚，同时又结合了两个最热话题。

图4–33　洽洽瓜子2014微博活动图片

个性图片，让恰恰瓜子的品牌得到了广泛传播，而另外的一系列活动，更让品牌与世界杯得到了更加密切的联系：

靠巴西赢大洽洽 # 活动：巴西队每赢一场比赛，洽洽就会通过抽奖平台，抽出两名幸运儿，赠送 2 米高超级大瓜子。并且，大瓜子还有一个有趣的噱头：只比姚明低一点。幽默的风格也让网友格外喜欢。

比分预测 # 每天发布当天比赛预测活动，猜中比分的网友，可以获得赢瓜子的机会。

凭借着各类活动和源源不断的文案策划，2014 年洽洽瓜子成就了辉煌的微博营销。恰恰瓜子凭借这次活动，入选微博必看营销指南也不为过。

5. 杜蕾斯的微博营销

作为一个成人用品品牌，杜蕾斯却一扫这类产品的低调，一直都是微博界最活跃的营销分子。2013 年的创意营销“北京今日暴雨，幸亏包里还有两只杜蕾斯，有杜蕾斯下雨不湿鞋”，就得到了广大网友的一致关注，回复量、转发量破百万，成为了当年的最热话题之一。

而在 2014 年，杜蕾斯的微博依旧延续了这样的风格。例如当某明星夫妻的话题成为热门话题时，杜蕾斯发布了这样一则微博：3 月 31 日，经历完“周一见”，马司令让我们对这个事有了新的认识——“有我，且行且安全。”社会热点结合产品特点，内涵十足，自然被网友大力转发。

杜蕾斯的微博营销，一直遵循“绅士＋幽默”的风格，它并没有过多关注隐私话题，这样就可以让网友大方地讨论，但它又会在合适的环节植入品牌产品的特点，所以网友在愕然一笑的同时，还会将杜蕾斯的特点牢牢记住。所以，虽然杜蕾斯很少刻意举行大型的微博营销活动，但这种不间断的小创意，依然深受网友喜爱。

杜蕾斯的官方账号还会经常与网友进行互动，因此，它的微博粉丝数量高达一百三十多万，远超同类产品的微博账号。

微信篇：值得一赞的微信营销

微信上的营销活动，同样不逊于新浪微博。让我们看看，微信上那些经典的营销案例。

1. 星巴克的微信营销

作为一家咖啡品牌，星巴克的营销活动，自然是充满温馨气质的。对于中国客户，星巴克发起了名为“音乐推送”的微信活动。当用户关注了星巴克的微信公众账号后，就可以通过表情图片收到音乐推送。例如，当你心情不好时，发送哭泣的表情，那么微信就会推送相应舒缓情绪的音乐；而当发送快乐的表情时，它就会自动推送比较亢奋的音乐。这种人性化的互动交流，非常受用户的欢迎，当用户闲下心来，坐在星巴克内品尝着咖啡之时，配合心情的音乐缓缓响起，这是一种多么美妙的感受……

2. 澳贝婴幼玩具的微信营销

澳贝婴幼玩具主打婴幼儿产品，所以，它的微信营销策略就主要集中于趣味性。澳贝婴幼玩具开发了一款名为“砸金蛋”的游戏，这款游戏操作简单，并且澳贝婴幼玩具的产品也被植入其中。当用户进入游戏后，可以砸金蛋，并且获得相应的礼物——代金券。澳贝婴幼玩具还提供一键跳转到微店的功能，可以让用户第一时间进行消费。而没有中奖的用户，可以将活动分享至朋友圈或发送给朋友，从而获得再次游戏的机会。凭借着这样的活动，澳贝婴幼玩具在微信上取得了很好的效果。对于一些新晋的中小品牌，这种模式不失为一种较好的方法。

3. 万达影院的微信营销

万达影院的微信营销，主要体现在对客户全方位的服务上。万达影院的微信公众账号，提供了影片查询、在线选座、在线订票、评价分享的功能，这就给很多用户带来了极大的方便。毕竟，看电影属于“激情消费”，经常是我们在逛街时，突然听说了某部热门影片正在上映，就会前去观看。

而万达影院微信公众平台提供的相关查询和订票服务，就能够满足用户的这种心理。同时，万达影院还定期推出针对微信用户的服务，例如票价折扣、一分钱看电影、赠送爆米花等，甚至还有点击抽奖参与明星见面会等活动，以此大大提升粉丝的黏合性。目前，万达影院微信客户端每日出票高达8000余张。

4. 一号店的微信活动

一号店针对微信公众平台，推出了“你画我猜”的活动。当我们关注了一号店的微信账号后，每天都会收到一张图片推送，然后可以进行猜图游戏。猜中名称，发送答案给一号店，只要你是当天最快最准确的用户，就可以获得相应的奖品。这种活动让粉丝可以积极参与，因此获得了很大的关注度。

从这么多的微博与微信营销案例中，我们可以看出：无论是哪个平台，能够让用户参与其中，这是最关键的一点。同时，牢牢结合社会热点，也是营销能否成功的关键。同时，在设计相关活动时，一定要遵循简单便捷的原则，尽可能将营销活动搞得简洁一些。别把消费者想得太复杂，最简单的用户体验，有时就能带来最直接、最成功的传播效果！

第五章 微店：成就你的财富梦想

身为微店店主的我们，在变化万千的移动互联网时代，该如何找准自己的位置？我们的产品，是否能够在手机上走俏？我们又该进行怎样的推广，让微店的粉丝呈现递增之势？当我们拥有了一定的粉丝群体时，又该如何更好地维护他们？这一切，都是经营微店时必须考虑、必须解决的。

远离 PC，同样也能做淘宝

PC 时代，哪个领域才是最大众化的互联网创业项目？毫无疑问，当然是淘宝！可以说，伴随着互联网在中国的蓬勃发展，淘宝网造就了无数财富故事，很多年轻人通过淘宝网进入了互联网经济时代。所以，有学者说：“没有哪一个运动，能够如淘宝一样改变中国的商业结构。”

那么，到了移动互联网时代，淘宝能否还在普通大众中掀起创业风潮？我们能否远离 PC，继续开展自己的淘宝事业？

后淘宝时代，手机淘宝能否扛起大旗

图5–1 手机淘宝

事实上，手机淘宝早在安卓、苹果手机尚未大规模普及时就已正式发布，JAVA、塞班时代就有了它的身影。由此可见，淘宝网早已看到了移动互联网未来的前景，并很早进行了布局。而随着一代一代的版本升级，目前手机淘宝已经发展得非常完善，并大有与 PC 端平分天下之势。

可以说，淘宝网对于手机淘宝的建设是不遗余力的，这给手机淘宝创业奠定了基础；但更重要的是，市场是否开始接纳这一创业模式？手机淘宝的买方与卖方服务是否完善？这才是手机淘宝创业的核心。

1. 市场是否接受手机淘宝

2014 年 9 月，中国 IT 研究中心发布年度第二季度移动购物市场数据。数据表明，我国移动购物市场交易规模达 1674.6 亿元，移动端渗透率达到 15.1%，较去年同期增长 6.2 个百分点，其中阿里系的手机淘宝和天猫抢占了近九成市场份额，达到了 86.2% 的市场占有率。

从这个数据可以看出，手机用户对于手机淘宝的习惯养成非常顺利，这就给手机淘宝创业奠定了消费者应用的基础。再加上近年来淘宝已经逐渐将宣传重点放在手机淘宝上，并且每逢节假日、双十一等节日，还会针对手机淘宝客户端派发红包等，这都有利于人们进行手机购物。

2. 卖家能否使用手机淘宝发布产品

很多渴望做淘宝生意的创业者，都有这样的疑问：为什么，淘宝并没有针对手机卖家的 APP？事实上，手机淘宝卖家版曾经的确存在，但为了与手机淘宝区分，手机淘宝卖家版早在 2013 年就已进化为千牛 APP。也就是说，千牛就是手机淘宝卖家版，同样可以进行后台服务，如图 5–2 所示。

图5–2　千牛的后台页面

与 PC 端淘宝卖家相似，千牛同样提供卖家工作台、消息中心、阿里旺旺、量子恒道、订单管理、商品管理等主要功能，满足卖家手机轻松管理的需求，如图 5–3 所示。

图5–3　千牛手机页面

进入千牛可以看到，产品管理、批发、数据、插件等功能一应俱全，可以轻松完成物品上架的需求。所以，巧妙利用手机进行产品发布与管理，是可以实现的梦想。

淘宝官方推介＋市场反应热烈＋后台应用便捷，这给我们进行手机淘宝创业奠定了基础。

如何打造优秀的手机淘宝店

不是有了市场反响和应用 APP，就可以做好手机淘宝。这一点，相信我们都能理解：生意的好坏，只能靠自己完成。淘宝只是给了我们一个平台、一个渠道，能将生意做到多大，需要看我们自己的努力程度。

那么，如何做好手机淘宝呢？

1. 文字与图片的数量适中

要明白，手机淘宝不同于 PC 端，手机的流量、屏幕尺寸等，都决定了客户体验。PC 端我们可以尽可能花哨，但手机端的展示，应当遵循移动端用户群的特质：简单明了，清晰吸引人。

所以，发布商品时，我们不需要过多的图片，避免因为网络问题迟迟无法打开，而应当精选 5 ～ 10 张最具特点的图片，以及精练且精准的文字，呈现出手机端简约、个性化的特点。

图 5-4 的店铺装饰，就很值得学习。

图5-4　千牛手机店铺

2. 利用自媒体宣传推广

对于如今这个自媒体时代，卖家不玩微信、微博等自媒体，可以说就是非常 OUT，也很难获得用户的青睐。微博、微信，我们需要利用这些渠道不断将自己的产品推广出去，让我们的店铺获得口碑，赢得流量。

3. 根据淘宝网的活动制定相应营销方案

淘宝针对手机客户端，开展了很多定期或不定期的活动，这都非常有助于手机搜索排名，例如手机专享价、直通车等等。这些活动，有一些可以在手机上直接参加，有一些则需要登录 PC 端才能参加，并且还会产生费用，所以在选择时需要有所注意。一旦确认活动类型后，我们还应当在自媒体上进行积极传播，借助自媒体的力量将活动影响力进一步扩大。

4. 不要尝试代刷提高信誉

衡量一家淘宝店是否品质过硬，信誉是关键中的关键。因此，代刷也成为了淘宝一个独特的产业链。相信我们每个人，都收到过代刷服务的信息，这些团队保证在多长时间内，用不多的费用将店铺刷成黄钻、蓝钻甚至黄冠店铺。

表面上看，代刷服务能够在短期内将店铺信誉提升到一定层次，但这种弄虚作假的行为，却非常受消费者的鄙夷，以及淘宝管理层的严厉打击。2015 年 3 月 31 日，商务部公布了《商品流通法（草案征求意见稿）》，向社会公开征求意见。意见稿明确表示，交易场所内“禁止经营者自行或通过他人虚构信用评价”。这就明确说明了代刷业务是违法的。

而淘宝管理层，更是对这种刷信誉的行为提出了严厉的批评，并表示：一旦发现某家店铺通过代刷的方式提高信誉，那么不仅将面临直接封号的情形，严重者甚至将举报至相关部门进行查处。

任何一家店从开业到辉煌，都是一步步走出来的，所以我们千万不要为了一时的信誉链而走险。

最后，需要和各位读者说明的是，如今淘宝也进入了红海时代，竞争异常激烈，每天都有店铺开张，每天也有店铺关闭。所以，在此笔者建议：我们的投资项目要尽可能差异化，甚至是个性化：手工陶瓷杯、DIY T 恤等，这一点，我们在第一章就已做过讨论。唯有另辟蹊径，才能避开竞争——同行的竞争，电商平台的竞争，从而利用一部小小的智能手机开创自己的事业。

不做淘宝，就不能手机开店吗

淘宝，诞生于 PC 时代，也辉煌于 PC 时代。所以，即便到了移动互联网时代，有了手机淘宝，但是 PC 时代所留下的烙印，却依旧挥之不去。例如，想要将店铺装修得更具美感，我们依旧不得不依靠 PC。

那么，是否有一种手机创业途径，可以摆脱 PC 的束缚？毕竟，有很多创业者也许并非电脑高手。当然有，那就是微店（图 5–5）。

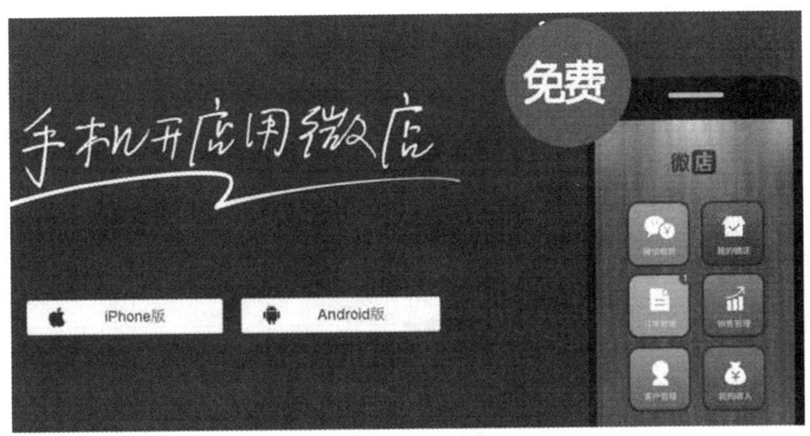

图5-5　微店页面

（图片来源：http://weidian.com/www/weidian_offical_PC/index.html?utm_source=baidupz_1&wfr=qeeODi5j）

什么是微店

微店是帮助卖家在手机开店的软件。微店官方是如此定义自己的：微店作为移动端的新型产物，任何人通过手机号码即可开通自己的店铺，并通过一键分享到 SNS 平台来宣传自己的店铺并促成成交。降低了开店的门槛和复杂手续，回款约为 1 ～ 2 个工作日，且不收任何费用。无论苹果还是安卓系统，都可以下载软件轻松开店。

与手机淘宝相似的是，微店同样具有以下这些功能：

商品管理：轻松添加、编辑商品，并能一键分享至微信好友、微信朋友圈、新浪微博、QQ 空间；

微信收款：不用事先添加商品，和客户谈妥价钱后，即可快速向客户发起收款，促成交易；

订单管理：新订单自动推送、免费短信通知，扫描条形码输入快递单号；

销售管理：支持查看 30 天的销售数据，包括每日订单统计，每日成交额统计、每日访客统计；

客户管理：支持查看客户的收货信息、历史购买数据等，助你分析客户喜好，有针对性地进行营销；

我的收入：支持查看每一笔收入和提现记录；

促销管理：设置私密优惠活动，吸引买家，让您的商品价格更加灵活；

我要推广：多种推广方式，给您的店铺带来更多的流量，提高销售额；

卖家市场：批发市场、转发分成、附近微店，全面提升您的店铺等级。

图5–6　微店管理页面

从图 5–6 可以看出，微店似乎与淘宝并无差异，那么为何它能够成为手机创业的热门软件？事实上，微店还有很多特点，是千牛所不能比拟的。

1. 界面更简洁

相比较千牛的很多卖家，依旧需要通过 PC 端进行店铺美化等，微店的店铺界面更加简洁，这本身很符合移动互联网的要求。卖家不必再为了店铺美化而操心，甚至还要雇佣第三方美编团队进行设计，这就给卖家降低了创业门槛，节省了资金。

2. 生成独立 APP

微店的一个独特功能，就是“本店 APP”。采用这个功能，就会让自己的店铺形成一款独立 APP 并在各大应用商店上线，这会给店主带来更大的独立自主权利，店主可以更加便捷地推广自己的品牌，这是淘宝所完全不具备的。

3. 完全无需费用

微店之所以能够迅速取得市场青睐，一个核心要素就在于完全无需费用。

所以，不少实体店就会选择开一家微店，实现线上线下同时经营，以此拓宽效率，让品牌可以走出去，真正走向全国。这与其他软件动辄需要 5 ～ 10 元的服务费相比，更能满足创业者节省资金的需求。

4. 营销活动众多

为了能够给店主带来更多的服务和流量，微店也开启了很多官方的营销活动，例如联盟推广、佣金推广、发布优惠等。同时，还提供“客户管理”功能，如果有新品上市、价格优惠、活动举办等，都可以通过该功能一键通知给客户群。

正是这四个特质，让微店成为了最纯粹的手机创业软件。可以说，移动互联网基因，正是微店的核心所在，这与其他软件的 PC 属性有着本质的区别。所以，对于那些对 PC 操作并不擅长，或是无法长时间坐在电脑前的创业者来说，微店无疑是最佳的创业平台。

其他手机开店软件推荐

当然，纯粹利用手机开店的软件，并不止微店一款。喵喵微店、金元宝微店等，都是紧随微店诞生的相关软件，并且也都获得了一定的市场认可度。

1. 喵喵微店

喵喵微店是钱喵喵旗下专为女性店主服务的专属手机网店，主要的服务对象就是女性群体。喵喵微店可以一分钟快速开店，同时有秒杀等功能。因为喵喵微店的受众群为女性，所以它的操作界面、操作风格都偏向于可爱、清新，非常适合女性卖家开店。

2. 金元宝微店

金元宝微店平台是由北京易达正丰科技有限公司开发，以服务微信商家客户为目的的微信开店平台。金元宝微信管理平台为企业提供了强大的自定义回复及图文信息分类功能，通过此功能能更好地做出具有企业特色的内容。金元宝微店的特色在于可以“淘宝一键搬家”，自动将淘宝网上的信息搬到金元宝平台，实现信息的迅速迁移；同时，发布的产品也可以一键分享至微信，避免了扫二维码带来的风险，实现了信息的便捷传播，提高了推广效果。

3. 校园微店

校园微店是苏州我淘信息技术有限公司开发的一款手机APP，它的主要针对对象就是在校学生。它同样支持免费开店，主打特色是送货速度飞快——店铺就在校园内，下单后最快5分钟便可收货。同时，为了照顾学生群体的作息时间，校园微店还推出了打烊模式，店长可以根据自身情况设置并调控营业时间。

不过，就目前来看，虽然微店类APP众多，但尚未有类似的软件能够撼动微店的地位。在选择相关软件时，我们应当擦亮眼睛，选择市场占有度高、开发公司稳定的软件，并尽可能从官方途径下载，避免被山寨软件窃取资料和个人信息。

微店虽小，却不简单

微店，这是在移动互联网时代最受瞩目的创业领域。它不比当年淘宝的话题性小。毕竟，凭借着一部小小的手机，我们就可以经营一份生意，就可以创造一个品牌。并且，与淘宝时代相比，微店的注册程序简单了许多，仅需拇指戳戳点点即可完成；管理模式也简便了不少，不用再24小时守着电脑，仅需一部能够上网的智能手机。

正是因为可以随时随地地做生意，越来越多的人加入了微店的大潮之中。

可是，微店真的那么简单吗？

微店虽微，却不轻松

麻雀虽小，五脏俱全。这句老话，同样适用于微店。进货、销售、售后……常规的零售环节，微店同样一个都不少。而在这背后，你还要掌握一定的移动互联网推广营销手段，这一切都需要自己一个人完成。所以，微店虽小，却不轻松。如果意识不到这一点，认定微店可以非常轻松地赚钱，那么请你暂时先冷静下来，想想这几个问题：

1. 你是否能从竞争对手中脱颖而出

微店的产品来源，多数以批发为主。那么，首先一个问题便摆在眼前：你是否有信得过的进货渠道？如果你的进货价与市场价相差不大，那么你如何吸引消费者，又如何与其他同类型微店竞争？

进货的问题得以解决，接下来新的问题随之而来：你是否了解如何运营一家微店？在正式投入运营之前，你对微店的操作是否完全熟悉，是否经过一定时间的功能阅读和虚拟实战？例如，如何上传产品，如何制定价格？当有客户下单时，你是否能通过软件看到相关信息？

如果这些基本的技术都不明白，那么经营二字就无从谈起。

当技术上的问题解决之后，更严峻的考验还在等着我们：如何分享至新浪微博和微信朋友圈？面对同类型微店不断发起的活动，我们是否有一定的推广思维，与之竞争？

这些问题，都是在微店正式运营前需要思考的。如果我们此时头脑完全一团乱，毫无头绪，那么不妨先思考一下，理清自己的思路，再进入微店创业的大潮之中。

2. 太多的微店，并非都赚得盆满钵满

为什么想要进行微店创业？很简单，想要通过这种全新的商业模式赚得人生的第一桶金。所以，很多人在运营微店时，会抱有这样的目标：我至少要实现每个月盈利 1 万元！

理想虽好，可现实却是残酷的。事实上，绝大多数的微店，并非如想象那般日进斗金。来看这样一个真实的案例，它刊载于 2015 年 3 月 26 日的《十堰晚报》上，告诉了我们这样的现实：

作为一家无钢圈内衣微店的经营者，黄女士的微店刚刚经营了半年多。因为时间不长的缘故，所以每个月的销量仅在十几单左右。每天，黄女士都会用手机发布商情，展示产品，但一个月下来，利润还不到两千元。多亏黄女士还有一份其他的工作，所以尽管微店收益一般，但她并没有受到太大影响。

“微店的盈利水平并没有大家想象得那么夸张，绝大多数都是依靠薄利多销的方式生存。就我所知，营业较好的，大多一个月可以赚到 2000 元左右，能够上万的非常少。”黄女士的一位同行康女士如此说道。

在众多的微店中，当然有每天利润超过一千元的微店。但绝大多数品牌，每个月只能赚得两三千元的收益。这与我们每个月收入一万元的理想，可差得很远。

当然，我们可以通过学习相应的推广技巧，不断提升店铺营业额，达到最终的目的，但这总需要一个过程，我们能否在头几个月内的平淡期坚持下去？如果没有这份毅力和学习的动力，那么微店之路同样非常难走。

之所以在本章的一开始强调微店的不容易，当然不是为了泼冷水，而是告诉所有想要进军微店的人：微店同样是一门生意，需要投入时间精力和思考精力。世界上没有不辛苦就能做成的买卖，微店也是如此。

你适合开微店吗

了解了微店的不轻松，接下来，我们还要想一想，自己是否适合开微店？尽管微店的运营成本不高，并且相关知识如软件操作、推广营销等也能在不断学习中提升，但是它毕竟需要占用一定的时间，所以不是所有的人，都完全适合微店经营。

1. 你是否有足够的时间去使用手机

微店的主要经营工具就是智能手机，从产品上传到客户沟通再到订单查阅，这一切都离不开手机。但是，如果你是一名白领，并且需要经常出差，那么你就不是非常适合做微店的生意。首先，出差的路上信号并不稳定，尤其是在飞机上，有很长一段时间无信号，这让我们无法使用智能手机；其次，因为经常出差的缘故，我们不能做到及时发货，这会给消费者带来非常不好的体验。

同时，如果你的工作性质决定了不能使用手机，例如工厂流水线、涉密机构等，这些工作都对手机的使用有着严格的规定，这时我们对开微店就要慎重为妙。

2. 你的流量是否够用

对于微店而言，因为涉及到图片上传、信息交流等，产生的流量不在少量。尽管很多人家里都有 WIFI，但是我们无法保证，自己永远都能在处于

WIFI 的环境下使用智能手机。所以，如果我们的流量非常少，那么也不太适合进行微店经营，不妨到营业厅修改套餐或购买流量包后再进行。否则，赚到的钱还不够流量使用费，那是多么得不偿失的事情。

同时，如果我们依旧使用着陈旧的 2G 网络，那么也不利于微店的运营。尝试着去使用 3G 甚至 4G 技术吧，唯有高水平的移动互联网技术，才能让带有图片、文字甚至音频、视频的微店经营得更加顺畅。

3. 你是一个愿意学习的人吗

对于微店而言，开设很简单，难的是今后的经营，这不仅包括怎么将产品卖出去，更包括如何建立粉丝群——让一次购买的消费者成为我们的忠实客户，并让他们主动替我们宣传；如何借助移动社交网络进行推广——唯有不断的宣传和活动，才能吸引更多的消费者前来关注……这一切，都需要我们不断学习。

事实上，这一点和曾经的淘宝非常相似。十年前是淘宝开店的热门时期，很多人涌入却在几年后又渐渐退出，这是为什么？因为他们在经营后才知道，原来做网店并不是那么容易。单纯的精力尚可应付，但如果没有不断学习的态度，不愿费脑子了解关于经营的深层次知识，那么久而久之销量就会越来越差，竞争力持续降低。那个时候，一开始的热情早已荡然无存，剩下的只有关门大吉。

今天的微店，与当年的淘宝何其相似！所以，如果你不是一个愿意学习的人，那么请远离微店。

总结起来，这样的人才是最适合做微店的：不影响正常上班时间——保证我们可以进行运营；熟悉智能手机操作——知道如何熟练使用智能手机；有足够的流量——不会产生太多的流量费；有愿意学习的心态——去学习微店的经营知识。

当我们拥有这些特质时，那么恭喜你，微店的大门已经向你打开！

做好产品定位，走好微店的第一步

我们已经简要介绍了移动互联网时代做微商的前景，并对相关软件做了一定的介绍。这一节，我们将针对如何做好微商，展开更为细致的分析。想要做好微商，我们的第一件事就是：定位。

产品定位第一原则：小而美

无论微商还是实体店铺，我们最终要做的一件事情就是：卖出产品。无论我们是自主品牌还是从批发商手中拿货，将产品卖出去，才是最实际的工作。所以，在建设微店之前，我们就应该对产品有一个较为精准的定位：大众化的还是经营化的，高端的还是低端的，虚拟类的还是实体类的。

通常来说，微店，突出的就是一个“微”字。什么是微？它不仅是指微型的店铺，更给了我们这样一个启发——小而美是王道，大而全并不合适。

试想，如果你的微店主要销售大宗家电，这会有生意吗？线下有苏宁、国美等，线上有京东、天猫等，客户为什么要相信你？如果你的微店主要销售高端奢侈品，有多少人可以买得起真正的奢侈品？并且，微店的产品价格都较为低廉，这不是明摆着告诉消费者和监管部门说“我卖的是仿冒的”吗？

“澳洲 UGG 代购，今年新款”“专柜同步版，秋装重磅出击”……近一年来，微信朋友圈演变成“购物圈”，微商越来越多。李梅和王嘉 2014 年 3 月合伙开了一家名为“Vicky Studio”的微店，自称提供各种高仿的名牌奢侈品手袋、腕表、服装等。10 月 17 日，成都市温江区公安分局将两人抓获，在他们的仓库中发现了大量假冒奢侈品，涉案总金额接近 40 万元。10 月 30 日，警方发布消息，两人已被刑事拘留，这也是成都市首例微商贩卖假冒伪劣产品被刑拘的案例。

这则新闻，来源于 2014 年 11 月 1 日的《华西都市报》。由此可见，当你将产品定位于奢侈品，同时又涉及到假冒伪劣时，会产生怎样的严重后果。

所以，对于微店的产品，第一个定位原则就是：产品与生活有着息息相关的联系，大宗产品、奢侈品牌等，并不适合进驻微店。

产品定位第二原则：质量过硬

了解了产品定位的第一原则，接下来我们就能很快找到适合的产品项目。例如，美容化妆类产品销售，鞋帽类产品销售，服装类产品销售，创意定制类产品销售（个性体恤、创意画作等），虚拟服务类产品销售（手机充值、游戏点卡等），快销产品销售等，都是非常不错的选择。

这些产品，都有统一的特点：价格较为大众，同时可以多次重复购买。例如面膜，爱美的女士每周都会购买 1 ～ 2 次，这对于微店的发展是非常有帮助的。微店讲究的就是价格便宜、购买频次高，从薄利多销中获取利润。如果微店一周都没有一单生意，这家微店无疑是失败的。

为了达到这个目的，我们的产品，又该如何选择？

首先，要保证我们的产品合法合规，能够在相关网站进行查询，保证正品，质量过硬。国家对微店的监管同样很严格，倘若用户购买了毫无质量保证的产品，同样可以发起维权活动，向工商部门举报，微店店主一样需要承担相应责任。

同时，我们所销售的产品，还应该有一定的市场认可度。毫无知名度的产品，即便质量再好，也不能被消费者青睐，无人愿意购买；没有人购买，就意味着没有人传播，微博、微信上丝毫没有你的消息，这在移动互联网时代无疑是大忌。

更重要的是，你也应当成为产品的消费者。如果我们对自己的产品都不了解，那么你又怎么能够为用户推荐？当用户有疑问时，你一问三不知，那么又如何保证产品的品质过硬？

所以，对于微店的产品，第二个定位原则就是：产品具有一定知名度，质量过硬，能够给用户带来真正的实际效果。

产品定位第三原则：不贪多求全

贪多求全，这是很多微店经常会出现的问题。所谓贪多求全，是指微店的产品所涉及的类型极多：话费充值、化妆品销售、小家电销售……各种产品一应俱全却又毫无关联。

也许，你会反驳：PC 时代的淘宝店铺，有很多店都是产品丰富，并且取得了很好的效果，那么微店时代为什么不可以？

这其中的道理很简单：PC 时代的浏览页面，可以呈现非常多的内容，因为显示器的缘故，我们可以很轻松地选择进入相应版块；但对于智能手机而言，屏幕不过 5 英寸左右，过于繁杂的页面显示，必然会给用户带来非常强烈的疲劳感。

什么都做，结果就是什么都做不好。更何况，你的微店本身就有自己的定位，这从名字就可以看出：××× 美妆时尚铺，×××3C 数码配件专营，××× 创意时尚坊……难道你会认为，一个前来选购化妆品的女士，会对你所销售的宠物粮感兴趣吗？庞杂的产品类型，不仅不会提升店铺的销售，还会给消费者带来糟糕的使用体验——对我毫无用处的产品，却总是呈现在我的面前。

当然，较为单一的产品，不是不可以分型分类，以此充实微店。例如有的红糖专卖店，就将产品细分为粗糖、细糖，同时根据功能性还分为了养生红糖、月子红糖、姜红糖等等；还有的女装店，将产品分为时尚丽人组、简练白领族、青春学生族等等，这样的区分既可以让用户一目了然，同时产品也都有一定的关联性，有助于用户的选择和品牌的传播。

所以，对于微店的产品，第三个定位原则就是：不贪多求全，只做好某一种类型的产品。我们要做的是小而美，而不是大型杂货铺。

这三个原则，是微店的产品定位基本原则。产品对于店铺来说，是核心中的核心，无论我们的服务做得多好，营销手段多么高超，如果产品质量欠缺，缺乏足够的市场热度，让用户浏览时摸不着头脑，那么所有的工作都是事倍功半。所以，解决好产品定位的问题，接下来我们的工作才可以开展。

宣传推广，微店火爆的“命门”

“流量为王”，这是移动互联网时代最常说的四个字。微店也是如此，没有流量，就意味着没有人关注，久而久之经营的动力也就日渐消散。所以，当我们建立了微店，找到了适合自己的产品，接下来就需要将自己的微店推广出去，让更多的人可以看到，进而进行消费。

我们该采取何种方式，才能提高微店的流量呢？第四章介绍了一系列社交网络，尤其是新浪微博、微信平台的使用，这个时候我们就应当实际操作起来——更新微博、转发抽奖、制造话题、利用公众号发送相关内容……

也就是说，一旦我们开设了微店，那么新浪微博、微信公众平台就必须随之建立，同时根据相应平台的特点，开展相关的推广活动。由新浪微博、微信所导入的流量是非常巨大的，甚至占到了流量导入的七成以上。

那么，针对微店，我们可以做哪些具体的工作，借助社交网络进行推广呢？

活动大组合，打通微博推广全话题

如何借助微博进行推广，前文我们已经做了很多细致的分析。这里，我们再结合微商的特点，进行更进一步的阐述。

1. 定期举行折扣活动

优惠折扣，这是所有商家都会采用的模式，并且效果也非常好。所以，我们应当定期在社交网络上开展这样的活动。

图5-7　新浪微博用户的折扣活动

图 5-7 就是一位微博用户发起的活动。类似这样的折扣活动，我们可以定期举行，以此吸引微博上的广大用户。而在做这样的活动时，我们应该注意这两点：

首先，我们的折扣活动应当有一定的时间限制，如限定最后截止日，这样才能给网友带来更强烈的紧张感。否则，全年都可以享受折扣价，就没有特别的意义了。

与此同时，为了让相关微博可以传播得更快更广泛，我们不妨邀请身边的人（包括自己）进行转发。当然，自己在转发之前，尽可能先进行个人账号和企业账号的身份认证，以此提升可信度。如果我们身边的朋友同样有黄色加 V 的认证，那么效果将会更加明显。

为了让折扣活动显得更加专业，我们不妨也设定相应话题，例如 #×× 微店折扣第一期　婴儿车专场 #、#×× 微店折扣第二期　婴儿鞋专场 #，这样，我们的折扣信息将会凸显话题性，只要能够不断坚持，就会成为互联网的一个热门。

2. 转发抽奖活动

转发抽奖活动的具体方式，我们可以参看第四章的相关内容。需要提醒的是，转发抽奖活动不必太过频繁，一般控制在每月两次为宜，频次过多反而导致用户的购买欲降低，仅仅只去参加转发抽奖活动。

3. 晒图活动

为了让自己的产品可以通过消费者的微博展示，我们也不妨定期举办晒图活动，鼓励用户在收到产品后晒出照片，并 @ 品牌账号，这样就可以享受或是返现，或是更进一步的优惠活动。同样，对于这样的活动，我们也不妨进行话题设定，让整个活动看起来更加醒目。

当然，店家其实也可以进行晒单活动——晒出快递单。这样做的目的，是为了让网友们看到自己的销量是真实的，从而进一步提升品牌的可信度。为了保护买家的信息，在晒单的过程中，我们尽可能将客户的信息遮盖，避免将客户的信息泄露。

紧贴用户心理，微信平台营销有妙招

对于微信而言，我们的推广活动主要集中于以下几类：

1. 主推产品做详细测评

对于某款决定主打的产品，在信息推送时，我们不妨做一个重点推荐，将这款产品的信息一一解读，例如品牌知名度、市场热度、口碑度、实用度等等。尤其是创意手工类产品，来一个“制作图解秀”，将制作过程以图解的方式一一呈现，这将会提升用户的信任度和青睐度。

2. 朋友圈推广

这个推广模式，与微博的晒图活动有些类似，那就是鼓励用户将产品图发送到朋友圈，然后通过截图即可享受进一步的服务。而在用户发送之前，我们应该提醒用户将品牌名称、微店名称加上，这样才能达到推广的效果。

3. 建立群聊组

建立群聊组的目的，是为了让客户群体可以围绕着品牌，产生更加强烈的归属感。当客户之间因为品牌逐渐成为朋友，我们的品牌黏合度就会更高，这对于微店的发展是非常有效果的。作为微店所有人，我们也应该加入群聊组的聊天之中，有时即便话题与品牌无关，我们也应该积极讨论，这样会给用户留下一个“有血有肉”的形象，让用户感到这个微店是有活力的，是灵动的。

周小姐是一家女装微店的经营者，随着销量的不断增加，她和很多消费者都成了朋友，经常通过微信聊天。一开始，微聊群只有十几个人，但是周小姐依旧频频发言，询问大家对微店有何看法，哪些衣服是姐妹们喜欢，小店里却没有的。

久而久之，当所有人都比较熟络时，她们的话题也渐渐不再局限于女装，生活、感情、工作的话题也多了起来。有一次，一个女孩和男朋友分手，周小姐就和其他组员一起安慰她，帮助她走出了人生的低谷。这个女孩很感激周小姐的热心和善良，不仅成了微店的忠实用户，还发展了不少同学也加入进微聊群。正是凭借着这些姐妹们的介绍，周小姐的微店在半年后就成为了皇冠店铺。

群聊不只是为了聊天，更是为了拉近与用户的距离。所以，建立群聊组，加深互动效果，是微信给予我们最有力的武器。

借东风：第三方 APP 大营销

经常网购的人，相信对海淘、淘打折、购白菜这类第三方折扣信息平台绝对不陌生。这类网站会不停收集各个平台出现的折扣店铺，然后将信息汇总发布，提供给那些在网上“寻宝”的人。因为这类平台的信息量巨大，所以用户数也非常高，可以很快带来巨大的流量。因此，对于一些折扣商品，我们也不妨加入第三方折扣信息平台，借助第三方的传播优势，将品牌知名度进一步打开。

不过需要提醒的是：目前部分第三方平台需要收取相关费用，因此我们需要做好成本核算再决定。同时，联系这类平台时，我们一定要通过官方的正规渠道，警惕有不法分子打着正规网站的旗号进行诈骗。

另外需要说明的是：我们的推广模式一定要丰富，形成一个完整的组合，不要仅仅只做微博折扣等一个项目。多出组合拳，在不同平台共同发力，这样我们的流量才能呈现明显上升之势。

更需要注意的是：我们的推广，很大程度上要借助于各类社交平台，所以在产品的包装盒、包装袋上，一定要印制相应的二维码，并且配合一定的语言说明，这样才能让用户找到各个平台的入口。

起名有诀窍！微店取名的技巧与禁忌

一个品牌，需要相应名称标示；同样，一家微店，也需要一个让人过目不忘的名字。常言说得好：商名叫响，黄金万两。好的名字，就像一首美妙的音乐，给人带来无尽的享受，并对品牌产生极大的联想。诸如星巴克，它的名字就透出了美式风格，即使没有品尝过，也会联想到美式文化的特点；再如蒸功夫，会让人立刻联想到中式美食，很多吃货光听见名字，就会想有机会去感受一番。

名字的重要性，可见一斑。所以，当我们将主要精力放在了进货、推广上的同时，也别忘记给微店起一个漂亮的名称。

微店取名有技巧

对于微店的取名，我们一般遵循以下几个原则：

1. 可以通过店名了解主要经营方向

微店经营的产品，一般主要集中于某一个类型，所以在起店名时，我们就必须要让产品与店名相吻合。例如，当你经营的是女装类产品，那么店名中就要尽可能包括“女装”、“时尚”等关键词，诸如“时尚女装潮流铺”、“精品女装格调”等，就是比较不错的名字。这样一来，用户既可以牢牢记住店铺的经营范围与特色，又可以帮助用户在进行相关搜索时优化捕捉。

当然，为了更加鲜明一点，我们也可以在前面加一些特有的修饰，如“复杂之外——时尚女装潮流铺”，这样可以让微店的品牌概念更加深化。但无论怎样，透出主营方向这一点，是必不可少的。

2. 靠近产品源产地特色起名

如果我们的产品，带有明显的地域特色，那么在起名时，就可以向产品原产地靠拢。例如，我们经营的主要是铁观音茶叶，那么店名就可以叫“福建铁观音精品茶专卖”，如果是川西牛肉，可以叫“美味成都张飞牛肉美食驿站”等。这样，我们既可以凸显微店的经营方向，又可以凸显产品的正宗和特色。

当然，想要这样起名，首先要保证产品的原产地的确正宗，否则当用户发现并非如此时，就会对你的微店产生不信任。

3. 带有文化气质的店名

如果我们经营的产品类型主要侧重于文化类，那么名字不妨带有文化气质，这样可以更加凸显微店的品位。例如，你经营的是文玩领域，那么不妨叫“石木斋文玩汇”，如果经营的是文房四宝，不妨叫“清闲散人文房库”之类。虽然这样的起名方式并没有完全展示经营的产品种类，但是对于文化类产品而言，有时候透出些许低调，反而会起到“犹抱琵琶半遮面”的效果；而“石木斋”、“清闲散人”等，又会凸显出微店的文化气质和内涵，对这类产品的受众群产生亲近之感。

4. 数字谐音、字母象征店名

通常来说，使用数字、字母做店名，是比较忌讳的一种方式，因为会让人不容易理解。但是，如果我们经营的类型主要侧重创意类，同时数字有谐音、字母有象征的体现，那么不失为一种好方法。例如“1314 情侣饰品”，它的谐音就是“一生一世”；“BangBang 香口胶青春时尚店”，它的象征就是吹口香糖泡泡发出的拟声。这种形式的数字、字母组合，反而会起到一种形象、生动化的效果，更能激发消费者的小趣味。当然，这种方式命名的微店，一般主要是针对年轻消费者的，只有他们才能较为接受这种风格，所以使用时要有所注意。

禁忌！这些微店名不能起

说完起名的技巧，接下来就要谈相关的禁忌。一个好的店名，不一定能够成就火爆的生意，因为它还要牵涉到产品质量、售后服务、推广模式等；但一个让人无法产生好感的店名，必然会导致生意的惨淡。毕竟，当我们对某个微店的第一印象就非常不好时，又怎么会进一步消费呢？

微店的起名禁忌，主要集中于以下几个细节：

1. 不要使用特殊名词

很多人在起名时，都会想到用特殊名词，但这是不允许的。工商部门早就做过明确规定，诸如“八一”、“110”、“119”、“12315”等，这些带有明确指向性的名词或数字，会给消费者带来误解，因此不能使用；而像“中国”、“中华”、“全国”、“国家”、“国际”这些名词，涉及到国家形象和政治问题，也是不允许使用的。对于这样的特殊名词，我们就不要使用，以免被强行删除，造成不必要的麻烦。

2. 名字不要随意更换

有的微店经营人，总是喜欢隔一段就将名字更换，认为可以给用户带来新鲜感。但事实上，频繁更换店名会给人造成店面不稳定、经营有问题的不良印象。想想看，联想、小米、优衣库……为什么这些品牌在发展中会调整经营策略，却不会改变名称？与新鲜感相比，品牌的稳定性和持续性才是最重要的。

所以，店铺名称一旦确定，就不要随意更改。这同时也就是要求我们：在店铺名称确定时，一定要慎重再慎重，尽可能避免朝三暮四。

3. 尽可能避免过于生僻的用字

无论微店还是实体店，避免生僻用字，都是起名字的一个基本原则。诸如“奵奺妏妖精品店”，我们既不知道该如何念，更不知道它有何种内涵，那么用这种字又有何意义？恐怕，消费者还会给我们打上“附庸风雅”的标签。更何况，如果消费者想要向朋友推荐这家微店，却因为不认识字而无法推广，就更是一大损失。

4. 典故虽好，但不宜过深

为微店名增加一定的文化气质，这当然是一件好事，尤其是使用典故，可以提升品牌的文化价值。但是物极必反，对于典故的使用，不能太过冷门或太有深度，否则会让用户摸不着头脑。笔者曾经见过一家经营牡丹花茶的微店，名叫“花夜晓风”，看起来很唯美，但却让人很难理解。这个名字，其实取自于“花须连夜发，莫待晓风吹”，这并不是一句耳熟能详的诗句，因此自然会给消费者带来陌生感，反而不利于店名的传播。

想起一个好的店名，这不是一件容易的事情，我们必须努力且慎重。店铺名就像一个人的门面，起得好，就能吸引用户进入浏览；反之，迎来的则是用户的反感。所以，笔者在此建议：如果以自己的能力很难想出一个响亮且漂亮的名字，那么不妨咨询下身边的朋友，或是在相关论坛咨询网友，以此给微店增添靓丽的风景。

创建粉丝群，为微店注入“核动力”

移动互联网时代，粉丝经济成了最为高效的宣传推广模式。借助粉丝的口碑力量，在相关论坛、社交网络，甚至线下的口口相传，让品牌的影响力不断发酵，越来越多的品牌都采取了这种方式进行营销推广。IPHONE、小米手机、魅族等，都是玩转粉丝经济的翘楚，果粉、米粉、煤油，都是这些品牌粉丝的专用称号。

与传统广告相比，粉丝群的能量显得更为巨大：完全凭借用户的使用好感，而不是王婆卖瓜式的自我营销，所有的赞美都是真实有效的；粉丝群具有很强烈的品牌意识，会不由自主地推广品牌，从而影响身边的人；对于品牌的改进，粉丝有着最直接的建议，这会给品牌的升级带来最直接的参考……

高大上的品牌能够借助粉丝的力量传播品牌，我们的微店，同样可以建立属于自己的粉丝群，从而扩大品牌的影响力。

快速客服机制：赢得粉丝好感的关键

用户对于一个品牌印象的好坏，一个很重要的指标就是客服机制。能否快速解决有关产品的疑问，能否行之有效地解决用户的不满，是衡量一个品牌的硬性指标。所以，保障产品质量、做好售前服务的同时，必须建立快速的客服机制。

但是，对于微店经营者而言，我们既无法像联想、小米这样，设立众多的客服热线，同时又因为软件自身和智能手机的限制，不可能像 PC 端淘宝一般，设立众多的客服对接口，那么应该如何建立客服机制呢？

这个时候，我们就应当多多利用社交网络软件。在每一个产品的页面，我们都应当用醒目的字体说明：自己的微信号是多少，微信群号是多少，如有问题既可以通过客户端进行交流，也可以通过微信进行咨询。

为什么不推荐微博？毕竟微信更具私密性，双方的聊天将会以一对一的模式进行，不会有第三人看到；而微博具有很大的公开性，一旦客户对产品有疑问，并且口气非常不好，那么就会被很多网友看到，大大影响品牌的口碑。毕竟，好事不出门，坏事传千里，我们应当将一些能够快速处理的问题，在较为隐蔽的情况下解决。

当然，这绝不是说就要阻挠用户在微博平台上进行投诉。事实上我们在前文中就已说过：每小时通过微博搜索检测品牌名，就是为了发现微博平台的投诉。一旦看到相关咨询，同样应该快速做出回复，并且要更加注意措辞，因为这不只是一对一沟通，它会让更多的人看到，从而体现出品牌的社会形象。如果措辞合理、解决迅速，反而会成为一次有效的“危机公关”，更加提升品牌的影响力，从而使得原本有所抱怨的消费者，真正成为我们的粉丝。

用真诚换真诚，让消费者感到温暖

真诚，是打动一个人最有效的情感。对于绝大多数的微店来说，产品主要是通过批发进购而来，除了部分主打 DIY 文化的微店，我们很少进行产品研发与生产等事宜。所以，你的产品，不仅你家会有，其他的微店同样也可以销售。能打动消费者群体的，唯有“真诚”二字。

那么，我们该如何用真诚来打动消费者呢？

1. 情感体验卡

当我们的微店建立时，可以制作一批情感体验卡，随每一份产品寄给消费者。这张体验卡上，不仅要有微店说明、产品说明，更重要的是要有店主自己的情感传达。写一写为什么要开这家微店，我们对于用户的情感是怎样的，尽可能呈现出真实、生动、情感流露的文字。真挚的情感，最能唤醒用户的好感。

图5-8　某店家的用户信

某店家的用户信如图 5-8 所示，当用户收到这样的信时，会有怎样的一种情感？恐怕，他早已产生了初恋般的甜蜜和感动！所以，一份情感体验卡，能够迅速将一个素未谋面的用户，发展成我们的粉丝。

对于这份情感体验卡，我们既可以以明信片的形式，也可以采用更具温馨情怀的手写信形式。但无论哪一种方法，我们都要记得：避免千篇一律，避免空话套话，定期根据产品、季节等更新情感卡的内容，这样才能真正打动用户的心。

2. 节假日的祝福

朋友之间需要经常交流，同样，微店与用户之间，也应当定期维护。尤其对于那些不经常光顾的用户来说，如果时间过得太久，那么彼此的关系就会更加冷淡，久而久之他们会忘记了我们的微店。

所以，在节假日发送祝福信息，是维护我们与用户之间的纽带。新春佳节之时，发送一条祝福新春快乐的短信或微信；中秋节时，发送一条阖家欢乐的祝福短信或微信，这些都能够让用户感受到浓浓的暖意，同时加深对微店的印象。

当然，对于信息的数量我们一定要控制，只需重点节日即可，避免太过频繁反而让用户觉得这是垃圾信息；同时，信息的内容也应该遵循情感至上的原则，避免机械化的内容。

当然，除了这些手段，多多举办微博、微信活动，也可以帮助我们建立强大的粉丝团。当我们的微店有了一批忠实的客户，形成粉丝经济，那么微店的发展就会顺风顺水。

经典案例：那些隐藏在身边的成功微店

微店的出现，给了众多普通人在移动互联网创业的机遇。也许，你会觉得：微店不过是一个新兴的产物，还没有真正做得优秀的店铺值得学习，但事实上，就在你我的身边，已经有人开始了微店的经营，并取得了不错的业绩。

90后的微店奋斗史

创业，这是很多提倡个性的90后们热衷的话题。浙江嘉兴学院的何志雄更加深有感触："我不会考研，也不会找工作，我要卖水果。"

正在上大学三年级的他，如今已经开始了自己的水果微店创业行动。一开始，他在食堂边摆起宣传摊位，请同学们扫二维码吃水果。当然，他会把水果包在小礼物袋里，贴上微店的二维码，以此让更多的同学帮助自己推广。

为什么要卖水果？何志雄说，自己出生于水果之乡——福建省漳州市。并且，他的家里也是从事水果种植的。从小就和水果打交道的他，自然对水果有着一份特别的感情。可以说，如何种植水果、如何辨别水果、如何储存水果，他都有着非常丰富的经验。甚至，水果的品质好坏，他不必直接品尝，只用眼睛观察、用手触摸即可判断个七八成。

2014年，当何志雄第一次接触到微店时，就立刻感到：自己的机会来了。用省吃俭用的1800元钱，他开始了自己的创业之旅，在校园里做起水果生意。考虑到学生的购买力较低，油桃、香蕉、小芒果、橘子以一个或两个起送。

看起来似乎不太起眼，但这是何志雄梦想起飞的第一步。只要看到有订单，他就会第一时间出发，将包装好的水果送到同学手里。并且，他还一直遵循着亲自送到同学手中的规定。他说："必须要送到本人手中，有意见可以直接提出来，便于我改正。"

现在，随着自己的名气越来越大，何志雄的生意也越来越多。甚至在晚饭时间，他依旧需要拿着手机，随时观察是否有订单成交。渐渐地，过去那些不赞成他这样做的舍友，也渐渐理解了何志雄的创业之路。如今到了晚上，他们就与何志雄一起，将几十份订单一一打包，然后送货上门。

虽然并没有很大的利润，但何志雄走出了第一步。他说，毕业后将会全身心投入这件事中，巧妙利用好手里的手机，将自己的生意做大。

70 后的微店路

“10 年前你错过了淘宝，今天还要错过微店吗？”

这是余春林在《日进 3 万 3》封面上写的一句口号。

对于余春林这个名字，相信很多微商经营者并不陌生。这位 70 后，如今成为了微店领域的专家。

谈及自己的微商之旅，这与他的身份密切相关。因为是一名教育媒体人，余春林经常会在社交平台推荐各种儿童读物，并且很受读者的欢迎。很快，他的粉丝就达到数万，不少家长也咨询他如何买书。

正是因为这个原因，在朋友的建议下，余春林开始卖书。一开始，他使用微信，但因为各种原因他觉得操作并不方便；随后又进行淘宝，但操作流程麻烦，并且还需要各种证件，所以也无功而返。

直到 2014 年，当微店 APP 被余春林了解时，他才终于找到了自己的渠道。手机完成工作，减少了运营成本；便捷的下单模式，也让他感到轻松许多。第一个月，他的销售额就突破了万元。如今，余春林每天的销售，都能达到 5000 元之多。

70 后与 90 后是截然不同的两代人，但是他们都利用小小的智能手机，开始了自己的创业之路。对于移动互联网而言，我们开店完全不被年龄、时间所影响，即使利用业余时间，也可以将自己的小店经营得如火如荼。

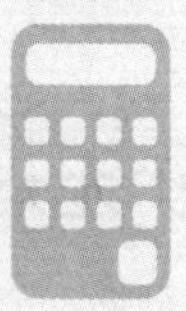

第六章

不仅会赚钱，更要会理财：手机理财的时代

俗话说，你不理财，财不理你。身在移动互联网时代，事实上我们的理财模式变得更加丰富：理清自己的财务，投身股票市场，借助P2P平台进行投资……这一切，仅仅需要在手机上戳戳点点即可，不必再像过去那般，需要频繁来往于各种股票交易所、投资担保公司。移动互联网时代的理财，就是如此简单！

无理财，不掘金！移动互联网理财新时代

2G 时代，我们手机的主要用途是打电话、发短信；3G 时代，我们手机的用途演变为聊微信、看视频。进入 4G 时代，除了沟通、娱乐的功能外，我们还能用手机做什么？

理财。

4G 时代的到来，宣布着移动互联网进入更加高速和便捷的时代，网络滞后、带宽不足的情况逐渐消失，这就使我们借助手机进军“金融业”有了便捷的途径。当然，如果把“金融业”这个词说得再通俗一点，那就是理财。

无论哪个时代，我们都离不开理财。20 世纪 90 年代，我们的理财需要走进银行、股票交易所、保险公司等，进入新千年随着 PC 时代的到来，我们可以借助计算机完成相关理财产品购买，到了智能手机蓬勃发展之时，这一切更简化到了只需点点屏幕即可完成，并且各种理财产品、理财类型也更为丰富。

所以，我们在学习借助智能手机赚钱的同时，更要学会用智能手机理财。尤其对于工作繁忙的读者来说，也许，我们不可能完全投入高大上的出版、影视等手机创业领域，也没有精力进行诸如微店这类的经营，这个时候，不妨按捺一下想要创业的冲动，巧妙利用智能手机理财同样不失为一种攫取财富的好方法。

大不同！移动互联网理财 PK 传统理财

很多人对于理财都有这样一种观点：理财主要是给高收入人群设计的，目的是通过各种途径，赚取更多收入。的确，在理财产品动辄需要资金投入、身份证明、工作证明、职务证明的时代，理财对于普通人来说似乎有些距离，但在移动互联网时代，理财却变得早已不再高高在上。用一句网络化的语言来说就是：屌丝也有理财的资格。

为什么，在移动互联网时代，理财呈现出了全民化的特点？因为，移动互联网时代的终端设备是手机，它并非神秘之物，而是我们的生活必备品；并且，便捷的操作让我们摆脱了资产证明、PC 使用等限制，只需动动拇指即可完成。所以，曾经看似复杂的理财，早已可以轻松完成。

全民化，这只是移动互联网理财的第一个特点。

不再局限于通过理财的模式增值，而是借助相关 APP 达到财务管理、预算把控，让自己的钱用到该用的地方，这同样是移动互联网理财的另一个趋势。这一点，从各大软件商店就可以看出。当我们输入关键词“记账”时，会发现不下数百款的 APP 正等待我们的下载，如图 6–1 所示。

图6–1　笔者的手机截图

借助于智能手机的个性化和图片化，我们在进行财务管理时，各款 APP 都将会以图表、画面等形式展现，这远比枯燥的数字表格更让人便于理解，所以此类 APP 一直都是各大应用商店的下载安装量“大户”，也是很多手机用户尝试移动互联网理财的先期软件。

与此同时，这些理财类 APP 还呈现出动画的特点，并且伴随着相应的手机铃声。例如，当你进行了某笔花销，或者有某笔进账时，手机 APP 都会发出特别的铃声，提醒我们账户出现了变动。如此一来，我们的理财就变得更加生动化、立体化，可以更加意识到财务变动的重要性。所以，当这类 APP 一登陆市场，就成为了各大软件平台的明星，下载量一直名列前茅。

而在各款理财 APP 当中，支付宝显然是最早介入市场，也是最早让广大民众理解移动互联网理财的专业 APP。支付宝支付方式、理财平台、交易功能等等都有着潜在的用户需求市场，如今它早已突破了单一功能，不仅是理财工具，更是生活工具：转账、缴费、买彩票、还信用卡等等。甚至，就连交通罚单我们也能通过支付宝进行处理。庞大的数据库和与各个部门的密切合作，让支付宝成为了中国移动互联网理财领域的领路人与风向标。

毫不夸张地说，支付宝对于万千手机用户和电子商务市场，起到了重要的启迪作用，对中国的移动互联网理财平台影响深远。可以说，如今我们见到的各种理财类 APP，都有着支付宝的影子。

而支付宝所体现的便捷、快速，也正是移动互联网的特色属性。

所以，如果用几个关键词归纳移动互联网的理财特点，那么就是：全民投入化，操作便捷化，收益丰富化，财务管理化。

把握好这四个“现代化”，我们就能借助智能手机轻松理财。

移动互联网理财类型面面观

与 PC 时代相比，移动互联网时代的理财类型呈现出百花齐放的局面，并且操作更简便，界面更人性，交互体验更优异。总体而言，移动互联网的理财类型主要分为以下三类，以满足不同用户的需求：

1. 管理类

财务管理类 APP，是目前受众度最广的软件应用。这类软件的共同特点是：申请一个属于自己的账号，根据类型记录每一笔消费，如餐饮、购物、教育、聚会等等，然后生成相关图标账单供我们查阅，并根据消费习惯提出建议，如警惕消费、必需消费等等；而每一笔记账，也会有相关类型可以选择，例如工资收入、投资收入、兼职收入、其他收入等等。每月、每年度，它还会生成“消费习惯手册”，将我们在一段时间内的消费情况、进账情况进行梳理，形成完整的财务报表。

除此之外，很多 APP 还可以与短信相关联，只要我们有消费、收入并通过相关银行进行数据短信发送，它就可以第一时间进行记录和汇总，这样即便我们忘记了记录，软件也可以很好地做好记账工作，大大提升了财务管理的实用性。

相关 APP：记账、金蝶财务、简单记账。

2. 投资类

理财市场的投资重头，自然就是股票投资。所以，相关证券公司、服务公司早已在移动互联网布局。诸如大智慧、同花顺等 APP，已经取得了很好的市场反馈，而新兴的各类模拟类炒股软件，也在股民市场中几乎达到了“一机一下载”的火爆程度。

而对于各大银行而言，因为与基金合作得较多，目前如工商银行手机版、建设银行手机版等，都推出了相关基金模块的购买和关注功能，便于基金用户的使用。

各大保险公司及代理公司，也推出了相应的 APP，可以提供图表数据供我们查阅相关保单事宜。不过，目前保险的办理还需要到各个网点进行本人签约，所以直接购买保险的功能尚未完全开放，更多的是查询、预约服务。

除了股票、基金、保险类 APP，还有一些植根于互联网的金融 APP，也可以丰富我们的投资类型。当然，互联网金融目前发展时间较短，近年来 P2P 等模式不断爆出各种黑幕和漏洞，法律系统也并未完全成熟，所以如果你自身不是互联网金融用户，那么此类投资还需谨慎。

相关 APP：大智慧手机炒股、东海证券、同花顺手机炒股、工商银行手机版、建设银行手机版

3. 综合类

阿里巴巴的支付宝、腾讯公司的财付通，这是综合类型 APP 的代表。这类 APP 既可以进行记账，也可以进行投资，如支付宝旗下的余额宝，还可以满足各种生活使用需求，如购物直接消费、缴纳水电费、信用卡还款业务等等，可以说一应俱全。不过与记账、投资类专业软件相比，综合类 APP 的细节版块做得并不够深入，这是这类软件的短板。但其丰富的功能集成，加上基本上都有超级大公司投资的雄厚背景，正是这类软件最吸引用户使用的核心所在。

相关 APP：支付宝、财付通。

想要充分发挥移动互联网的理财能力，我们建议：以上三种类型的APP，都可以进行下载和使用。当然，我们可以进行逐步理财：首先，使用综合类的理财APP，对移动互联网理财有一个统一的认识；接下来，尝试管理类APP，学习如何利用相关软件进行财务管理和分析，掌握合理消费的技巧；最后，再进行投资类APP的学习，从而达到开源节流的最终目的。

掌上理财APP，让你轻松理清财富思路

"你不理财，财不理你。"这句话相信所有人都听说过。移动互联网时代亦是如此，我们在利用智能手机创造财富的同时，也可以利用它理财。尤其是在各类理财APP纷纷上线时，我们的理财渠道进一步递增。

与传统理财模式相比，理财APP具有随时、随地的特征，可以完全自己掌控，不必再依赖于理财师。并且，理财APP的类型也有很多，所以，我们要根据自己的实际情况，找到合适自己的一款或多款APP。

总有一款适合你：理财APP大推荐

1. 挖财

随着手机支付的完善，如今无论储蓄卡还是信用卡，都可以使用手机便捷支付。正因为如此，越来越多的人需要记账功能，详细显示自己每个月的账单。而在各类记账APP中，挖财显然是目前最为火热的。

图6-2 挖财APP图标

挖财是由杭州老百姓的资产管家公司开发的软件，可提供完善的手机和网站互联的整套记账解决方案，并支持拍照与语音识别记账。用户只需简单记录收支，就可获得直观的图形化消费明细分析，而其内置借贷提醒、余额

提醒、预算管理、报销管理、信用卡管理以及同步备份功能都颇为实用。随着软件的进一步完善，如今支付宝、财付通等其他第三方的消费清单，也会被同步记录。并且，还可以将账单以 EXCEL 格式导入电脑，让我们更加方便地查阅账单。

虽然，这款软件不能直接产生财富，但它是能够管理财富的完善系统，依旧可以帮助我们在赚钱之前，先了解自己的花钱过程。

特点：多图表显示，数据云备份，第一时间捕捉消费信息，多系统支持，电脑手机同步。

2. 金蝶随手记

图6–3　金蝶随手记APP图标

金蝶随手记是由金蝶友商网开发的手机 APP 软件。这个软件与挖财相比，不仅可以单纯地记账，辅助你设置预算，控制乱消费，让自己在有冲动消费的时刻，第一时间获得提示，达到不乱消费的目的。

同时，金蝶随手记还支持自定义报表，自定义分类，自定义账户，你可以打造一个完全属于自己的记账工具。

特点：超支预算，多点提醒，个人财报，短信、邮件按时报告。

3. 我查查比价查询

消费类理财 APP，同样也是下载量巨大的 APP。而这其中，我查查目前是较为优秀的一款软件。

图6–4　我查查界面

我查查是一个基于条码的手机比价软件，可以轻松扫描商品条形码，观察价格趋势。随着软件的不断更新，如今我查查已经与国内数百家的超市与电商达成合作，只需轻松一扫，就能够进行比较，方便我们以最合适的价格购买。

与此同时，我查查还提供晒单服务，让广大用户进行比较，满足在娱乐的同时轻松理财的愿望。同时，周边餐馆、娱乐服务的加入，让我查查的功能性与实用性也得到了更进一步的提升。

特点：识别率高，与绝大多数大型超市和电商都有合作，价格查询多，信息更新快。

4. 支付宝

图6–5　支付宝图标

很显然，目前市场上最常用的理财软件，就是众所周知的支付宝。网上购物支付、账单提供，这是支付宝的基本功能；而随着支付宝的不断开发，转账、信用卡还款、水电费缴纳等功能也陆续上线。可以说，支付宝打造出了一个完整的手机理财生态圈，几乎所有我们能想到的功能，支付宝都进行了开发。

而在 2013 年 6 月 13 日，余额宝的正式上线，宣布着支付宝的理财功能得到了更全面的提升。余额宝的收益要高于银行，同时具备随时存入、随时取出的便捷性，因此一经推出立刻掀起市场狂潮。早在 2014 年，余额宝的规模就已超过 2500 亿元，客户数超过 4900 万户，天弘基金靠此一举成为国内最大的基金管理公司。

与之类似的是百度钱包等 APP，这些软件布局较晚，所以发展态势有待进一步观察；不过因为百度钱包等的投资方都是资本大鳄，所以我们有理由相信其可以在支付宝一家独大的情况下，另辟蹊径杀出一条血路。

特点：功能丰富，使用度高，理财效果明显。

5. 理财提醒器

图6–6　理财提醒器界面

与其他的理财 APP 相比，理财提醒器显然剑走偏锋，走出了另外一种理财之路：针对银行卡、信用卡的积分，以及酒店、航空积分服务，提醒客户在到期之前及时应用，从而达到最大化优惠的理财效果。同时，信用卡还款提醒、优惠券下载等，也是它的服务内容。

为了满足移动互联网时代个性化的需求，理财提醒器还提供了用户自主设定的功能，例如以天、星期、月为单位，完全可以由用户自己选择。此外，这款 APP 还内置了航空里程兑换期，帮助我们计算里程卡兑换机票。

特点：个性，精准，深度。

除了以上几种理财 APP，还有不下数千款理财 APP 在市场上流通。它们各有特色、各有风格，我们可以根据自己的需求、审美喜好，选择适合自己的理财类 APP 进行下载。

小心风险，学会正确使用理财类 APP

现在有太多的 APP 供我们下载，可是在应用时也要有所注意。毕竟，随着智能手机的普及率越来越高，其中的风险漏洞也越来越多，山寨、后门漏洞等，随时能够造成窃取信息和资产的问题，到头来理财不成反被窃。所以，我们在使用 APP 时，需要遵循以下几个原则：

1. 尽可能从官方渠道下载

一款正规的 APP，必然会有官方平台提供下载。为了避免下载到非法、山寨、改版的软件，我们首推到官方渠道进行下载。

如果选择第三方应用平台进行下载，那么应该选择大品牌平台。诸如 360、腾讯、百度、豌豆荚、安智市场等，这能够最大限度地保障安全。对于一些不知名的第三方应用平台，我们尽可能敬而远之。

2. 退出时最好完全退出

很多人使用软件时，都有这样一种坏习惯：直接按系统桌面键，而不是选择完全退出键。这就会造成一个问题：软件依旧在后台运行，这就给一些不法分子钻漏洞的机会。凭借着社交软件，如微信、QQ 等，他们可以潜入后台进行窃取、密码修改等相关犯罪活动。

所以，完全退出，这是使用智能手机必须养成的好习惯。

3. 安装相关安全软件

手机病毒是威胁智能手机最大的隐患，据不完全统计，每天都会有数百款病毒诞生，每周都有多个病毒造成数以百万计的用户损失。所以，手机杀毒是我们经常需要做的事情。下载相关安全软件，定期进行手机查杀，才能避免手机感染病毒。

最重要的是我们慎点那些来历不明的链接，不要下载存在风险的APP，努力做好自己的防毒工作。理财APP都关乎着我们的财富，更应该对这类软件提高警惕，防范风险。

手机炒股的理财之路

二十年前，我们都见过这样的场景：人头攒动的股票交易所里，到处充满着叫喊声，硕大的电子屏下，数百人握紧拳头，看着不断变化的红字，或是惊呼，或是皱眉；大厅交易要排起长龙……十年前，办公室里的一台台电脑屏幕上，滚动着当日的股票信息，坐在电脑前的操作人看起来异常平静，但在桌下的脚跟着数字的变化不断地轻磕着地板……

随着移动互联网时代的到来，这样的景象已经鲜见。

如今，股票操作的战场，早已换到了小小的手机屏幕上。一部智能手机，拉开了我们手机炒股之路的序幕。

当然，也有人会说：炒股的渠道有很多，例如通过计算机或电话，都可以达到这个目的。的确，传统股票交易方式能够实现这些要求，但是，手机炒股的最大优势在于，它突破了时间空间的限制，并且更为方便、私密。毕竟，很多人在炒股的过程中，对其他人的观察、分析和评论是有所忌讳的。而通过手机，我们的炒股过程就将非常隐蔽。而且，只要手机在网络覆盖的范围之内，我们就能够查看行情、做交易，借助移动互联网真正实现随身、随时、随地进行股票交易。电话委托和计算机交易同样可以让我们足不出户，但随时随地和绝对保密的特性，却是它们与手机炒股无法比拟的。

手机炒股界面以菜单形式显示，只要依照手机显示屏上的菜单提示，一步一步就可轻松操作。将电话委托的误操作风险降至最低。

用手机炒股，势必需要使用相关软件。目前绝大多数的炒股 APP，除了券商自主研发设计的还有第三方提供的，这些软件操作方便，上手快，同时看盘方便，可以清楚地获悉实时 K 线图等内容，并且能够直接交易，将过去繁琐的股票交易流程尽可能简化，这就给很多不懂 PC 操作的股民带来了极大的便利。对于平日忙于工作的白领一族来说，手机炒股也堪称理财的首选之路。

《今日晨报》曾经的两则小新闻，就是对手机炒股便捷性与流行性的最佳诠释：

新闻一：

林小姐在一家销售公司做经理，平常忙于工作，很少有理财的项目去做。去年，她看到不少朋友都在股市赚得盆满钵满，于是也走进了股票市场。

第一周时间，也许是听取朋友的建议，也许是好运当头，林小姐很快就赚到了 15% 的利润。随后，她又买了一只银行股，结果再次收获高达 30% 的利润。

不过，随后的两周，因为出差的缘故她无法再对着电脑看盘，结果这两只股票跌停，原本的盈利基本上全部跌光了，这让她非常郁闷。甚至，她都有了退出股市的冲动。

一次去移动营业厅办理业务，林小姐意外了解到中国移动提供手机炒股的服务，只需下载相关软件就可掌握股市变化。于是，她在业务员的协助下，下载了专业的炒股软件。即便她出差在外，也能第一时间关注股市的动态。就这样，她再度盈利。她说："业余股民也能做到专业炒股，这回我不光把老本捞回来，还赚了好几万元呢！"

新闻二：

与林小姐相比，陈先生是个老股民。说起手机炒股，陈先生立刻侃侃而谈起来："过去我基本上是用同花顺的软件在电脑上炒股，有时候没有电脑我还去网吧看一下。"不过，因为网吧电脑的安全性，陈先生经常觉得很麻烦，后来他了解到手机炒股的便携性，于是也下载了相关炒股 APP。几次尝试，陈先生就爱不释手："这个软件跟电脑上的界面一模一样，什么曲线图、信息公告都有，很全面，而且及时，用起来很方便，相关系统只有我自己和证券营业部的电脑系统看得到，第三方很难破译加密的数据，且系统数据在专用内部网络上传输，可能比互联网还要安全！”

从这两则新闻可以看出，手机炒股已经趋于主流，并大有取缔PC端之势。毕竟，实时查看、实时交易，并且不限空间，只需有网络即可轻松操作的模式，正符合股市瞬息万变、即时交易的特点。

当然，虽然手机炒股软件很方便，但如何下载，如何保证自己的账户安全，这都是手机炒股需要注意的事项。下一节，我们将针对这个问题进行更加深入的讨论。

手机炒股APP面面观

与理财类APP相似的是，手机炒股软件目前市面上也比比皆是。如何找到一款实用、便捷的软件，如何在使用的过程中保证安全性，这是我们必须注意的。

手机炒股软件大网罗

1. 大智慧手机版

图6–7　大智慧图标

大智慧手机炒股，可以说是国内使用率最高的一款软件。从PC时代开始，大智慧就是互联网炒股的领头兵，移动互联网时代同样如此。因为开发较早的缘故，它不仅能满足用户随时随地查阅沪深两地指数、个股行情、技术分析、个股基本面资料、丰富热点资讯，还提供随时买卖的各类金融服务。并且，巨大的使用量，也使这款软件的后期开发、问题回馈等体系很完善，可以说是手机炒股软件里的明星产品。

不过，大智慧手机炒股因为功能非常庞大，所以按钮稍显凌乱，新用户需要一定的适应时间。如果你非常熟悉智能手机的操作，那么就会很快熟悉这款软件。

2. 同花顺手机炒股领航家

图6-8　同花顺图标

与大智慧并驾齐驱的，是同花顺手机炒股领航家。作为同样老牌的手机炒股软件，同花顺也有着非常高的市场口碑，投资者可通过该软件即时把握大盘及个股趋势，紧追主力资金步伐。而除了股票之外，期货、外汇、基金等操作，同花顺也提供了相应的版块，基本上我们能想到的理财渠道，同花顺全部囊括。

相较大智慧而言，同花顺的界面更加简洁，但这样缺点也显而易见：不能第一时间看到关注的信息，必须多一步操作才能阅读。

3. 易阳指

图6-9　易阳指图标

易阳指是国泰君安证券推出的手机炒股软件，曾连续三次获得手机证券奖，因此也有着不错的口碑。全球市场、综合排名、沪深权证、精品资讯、我的自选、委托交易、客户服务、大盘走势等九大服务，是易阳指的功能核心。较为简洁的操控界面，也吸引了一批忠实用户。

易阳指的一个特点，就是除了兼容常见的安卓、苹果系统之外，还支持黑莓、WP 等小众手机智能系统及 JAVA 的非智能系统，因此无论你使用哪种手机，都可以借助手机网络轻松关注、交易手中的股票。

不过，易阳指的界面风格和 UI 风格较为滞后，用户体验有待提升，这也是这款 APP 的不足之处。

4. 平安证券手机 e 点通

平安证券手机 e 点通是由平安证券开发的手机炒股软件，它的基本功能与其他软件相似，提供实时行情、银证转账、在线交易等，同时还有丰富的资讯信息和股票公告，帮助我们进行相关分析。

平安证券手机 e 点通有一个很人性的设置，那就是可以在软件中直接拨打平安证券的客服电话，这样遇到一些问题无法处理时，可以很快通过客服的协助完成。

5. 公牛炒股

图6–10　公牛炒股图标

与以上几款软件不同的是，公牛炒股除了提供真实的股票买卖功能之外，还特别增加了模拟炒股的功能。所谓模拟炒股，是指其提供的指数、股票信息等，都是现实中真实存在的，价格波动也紧跟真实的股市市场，只是交易进行模拟化，并非真正使用人民币操作。

那么，为什么有这样一款软件？很简单——还有很多进入股票市场的新手，并不是那么了解股市。这时候，他就需要在前期进行一番“军事演习”——如何查看 K 线图，了解大盘信息的背后意义，判断自己的选择是否准确……当我们有了足够的演习经验之后，再进入实战之中，自然就会更加游刃有余。所以对于股票新手来说，先使用这样的模拟炒股软件练手，对未来的理财投资非常有帮助。

总体而言，目前各类手机炒股软件众多，但基础内容都较为相似，基本上都能够满足现有用户的各种需求，逻辑和功能相似度很高。所以，只要是大公司出品、拥有较高好评的 APP，我们都可以下载。至于最终使用哪一款，这是由交互体验和个人习惯决定的，所以找到适合自己的 APP 即可。

秘不外传的手机炒股 APP 实用诀窍

手机炒股 APP 各家有各家的特点，它们都需要手机网络才能进行操作。所以，安全性、流量使用等，是手机炒股用户必须关注的细节。

1. 流量的使用

手机炒股必然需要手机流量，因此建议股民申请一个流量包。未选用流量包的话，就会产生极高的上网费用，移动、联通、电信各家价格不尽相同，但都大大超过流量包的价值。由于智能手机本身的流量消耗和其他 APP 的流量消耗，建议流量包不可过小。

2. WIFI 使用需慎重

越来越多的人采取 WIFI 模式上网。毕竟，如今免费 WIFI 的覆盖面越来越大。WIFI 虽然可以免费使用，但是需要注意的是，一些不法分子会利用 WIFI 窃取手机资料。所以，对于不安全的 WIFI，你所不了解的 WIFI，要尽量慎重连接。

3. 密码不外泄

任何一款手机炒股 APP，都会牵涉到用户名与密码，此外，还会有验证密码、支付密码等等。尽管我们安装了相应的安全软件，但是对于密码的保护，主要还是需要靠自己。首先，密码不要设置得过于简单，例如 123456，生日密码等，这些都很容易被破解；此外，不要轻易将密码告诉别人，防止对方进行隐秘操作。

尤其是对于一些打着“理财顾问”旗号的人，我们更应该警惕。一般来说，理财顾问很少直接索取客户的交易密码，所以当他提出这个要求时，我们更应该反复确认对方信息。

4. 了解 APP 是否有多重密码操作

安全问题，始终是所有手机股民最关注的话题之一。早在 2009 年，中国证券行业协会就颁布了“证券公司网上证券信息系统技术指引”，这当中也包括对移动证券安全操作的规定和要求，并制定了相应的技术指引规范。目前，主流的手机炒股 APP，都会设置双重密码，即登录时有一套密码，交易时还有一套密码，并且密码不能预存，这既是对行业规则的遵守，也是更大程度上保护用户安全的方法。所以，当我们下载了某一款炒股 APP 时，就要了解它是否有类似于多重密码操作的技术，如果没有，或者提供免密码登录、交易功能，那么就需要慎重使用。

5. 手机维修需注意

如果手机出现故障，千万不要随便就将手机拿到路边的手机维修店进行维修，毕竟对于专业人士而言，想要进入你的各类软件轻而易举，哪怕你的手机完全无法开机。所以，如果手机出现问题，最好直接去官方售后和官方授权点进行维修。即便因为各种原因只能在街边维修，也要尽可能在你的注视下维修，或者是将内存卡、SIM 卡统统取出后再维修。

手机 P2P 理财：饱受争议的理财模式

基金理财、股票理财，这都是我们较为熟悉的理财模式，即使在移动互联网时代，它们的本质依旧没有改变，只是使用、操作模式产生了变化。但有一种理财模式，却是紧跟时代发展而出现的，那就是 P2P。无数理财专家，都在不断分析着这种新型理财模式，更有一批人宣称：划时代的理财模式正在到来！

然而，看似纷扰的 P2P，真的能够在移动互联网时代开启全新理财模式吗？

P2P 理财，真的能给我们带来财富吗

所谓 P2P 理财，是指个人与个人之间的借贷，但不是个人之间直接借贷，而是通过相关中介公司办理借贷事宜，把借贷双方对接起来实现各自的借贷需求。借款方需要通过高额的回馈，来满足债权方借款的收益。

而手机 P2P 理财，正是通过手机进行 P2P 方面的事宜。

为什么在智能手机蓬勃发展的时代，P2P 能够迅速崛起？这是因为随着移动互联网的不断发展，便捷度得到了大大的提升，中介公司可以通过网络将信息传播至全国，而不是如过去一样需要将业务仅仅局限于某个小地方，只能依靠业务员的两条腿去跑。而借贷双方也可以根据中介平台的信息，合理选择自己的借贷方向，即使彼此身在中国的最远两端，也可以借助手机互联网完成。此外，我们的借款资金，还可以分割投资。比如有一笔十万元的资金，你可以投资到好几个理财产品中。

正是因为信息呈现出爆炸式增长，P2P 才能在移动互联网时代飞速发展。不设门槛的小额投资，高利率、多渠道投资的特点，让 P2P 理财在移动互联网时代到来时，迅速取得了市场的关注。打开百度搜索，搜索“手机 P2P”，会发现相关新闻达到 9220000 个之多，如图 6–11 所示。

图6–11 P2P相关网站百度搜索结果

据不完全统计，目前中国的手机 P2P 理财软件已达上千个，这些公司借助着不同的项目，给客户带来源源不断的业务。总体而言，P2P 理财主要针对小额资金，重点服务于工薪阶层、小微企业主等。这些群体因为从银行贷款较难，自然就选择更加便捷的借贷模式。而各家平台会对借款人进行信用审核和风险控制，然后收取相应中介费盈利。

信息量大、投资简洁，是手机 P2P 理财飞速发展的原因之一。更重要的是远高于银行存款的收益率。目前，银监会规定贷款利率不能超过银行同期贷款利率的 4 倍，所以绝大多数公司的理财产品都会将 15 天理财年化收益率控制在 7% 之内，90 天理财年化收益率在 9% 之内。

一段话总结手机 P2P 理财，就是：从中介方获得理财产品信息，然后将资金投入其中，在合约到期时赢得收益。中介平台负责信息核对、风险控制、收益发放。而这一切，只需在手机上简单点击操作即可。

为什么手机 P2P 理财饱受争议

从本质上来看，P2P 是一种信贷理财，与银行存款完全不同。我们所了解的各种 P2P 信贷平台并非银行，而是一种专业的金融机构。作为一种在海外已经完全成熟的理财模式，中国的 P2P 理财发展尚在初期，虽然也借鉴了一套关于信用、审核、跟进、回款管理的服务流程，但是由于相关政策还未完全到位，因此也出现了不少问题。并且，这些问题都不是出在借贷双方上，而是出在中介——P2P 信贷平台。跑路、停业、提现困难等问题，是悬在手机 P2P 之上的一把利剑。

相关的新闻早已层出不穷：

2015 年 3 月 3 日，《楚天金报》报道：网贷之家统计显示：运营接近 5 年的老平台畅贷网，在更换新系统后，有用户表示无法查询到账户信息，而且出现逾期，提现困难；上线四年多的老平台盛融在线也陷入了提现危机，在线待还款金额超过 9.2 亿元，涉及将近 2 万投资者，其背后的主要原因就是平台资金涉嫌自融；中恒盛业借助注册资金 1 亿和高收益假标，诈骗 5000 多万元，涉及 4000 多投资人，现在该网站已经无法打开。

《都市报道》2015 年报道：2014 年年底，宁波 P2P 网贷平台出现倒闭风潮，前后至少有 8 家公司出现问题，有的倒闭跑路，有的提现困难，上千投资人受损。

其中一家名为“融丰创投”的投资平台，2014 年 9 月成立，两个月后倒闭，公司法人代表应某也消失不见了，跑路前他还在公司网站挂出最后一句话：“手机 24 小时不关机。”

凤凰网也曾报道，2015 年前两个月我国出现跑路、停业、提现困难等问题的平台数量已达到 115 家，同比增长 6 倍多。在出现问题的平台名单中，注册资本超过千万元的不在少数，甚至出现了几家注册资本达到 1 亿元的平台。这是一个多么可怕的数字！

正是因为这些现象，手机 P2P 理财饱受争议。

为什么 P2P 理财会频繁出现问题？首先，是 P2P 理财在国内发展速度过快，从而出现了畸形。很多 P2P 创始人将平台作为短期谋利工具，初建阶段即以高达 15% 以上的年投资收益率来吸引投资者，迅速做大贷款规模。但是，平台的借款人多为小微企业和个人，自身实力和抗风险能力都较弱，很容易出现问题。一旦借款方无法还贷，立刻引发平台爆炸。而为了获取高额的中介费，P2P 平台早已将实力考察、风险评估抛之脑后。

同时，由于目前我国的信用体系建设尚未完善，所以一些平台引入的第三方担保事实上并无相关能力，并且平台运作本身也不透明，自然会出现跑路、诈骗等事件。

这些问题，都导致了手机 P2P 饱受争议。

稳妥为上：手机 P2P 理财的四字箴言

尽管目前手机 P2P 理财饱受争议，但这并不等于，这种理财模式不能参与。事实上，作为一种新兴的理财模式，P2P 在国外早已成熟，也有很多人因此获得了不错的收益，由此可见它并非毒蛇猛兽。

P2P 理财，遵循的一个原则就是稳妥。那么，我们该怎么做呢？

1. 产品的风险控制

无论 P2P 理财产品说得如何天花乱坠，我们首先要关注的，就是平台是否规范，是否有完善的风险控制技术，是否有抵押，是否有还款风险金，是否能提供每一笔债券的详细流水，是否每个月都会在固定的时间给客户邮寄账单和债权列表等等。不要被单纯高额的收益率迷惑，如果平台没有这些细节的解释，就不要进行投资。

2. 合同规范性

虽然 P2P 理财可以完全通过手机操作，但是正规的 P2P 平台即使当你使用手机客户端进行了购买确认，依旧会发送纸质合同进行确认。所以，我们在认购产品时，必须把合同的每一个条款都认真阅读。如果马虎签署，那么产生的风险也只能由自己承担。

最佳的处理方式，是将这份合同拿给专业经济律师审阅，然后根据律师的建议进行确认或否定。

3. 别被高收益的数字所迷惑

“收益高，未必安全”，这是 P2P 行业一句不成文的潜规则。纵观 P2P 平台跑路事件，绝大多数都是因为承诺过高，结果无法兑现造成的。

P2P 相关专家表示，一款成熟的 P2P 产品，或者一家正规的 P2P 平台，通常给用户承诺的收益率在 10% 左右，这是较为合理的，但就目前来看，不少 P2P 平台为了吸引客户，早已突破了极限。某第三方财务公司在 2014 年 8 月对各大 P2P 平台进行了调查，结果发现：101 家网贷平台中，所发行产品平均利率超过 10% 的网贷平台占 95%，超过 15% 的占 75%，超过 20% 的占 27%。20% 收益率以上的这些平台，都属于风险非常大的 P2P 平台。

所以，在面对林林总总的 P2P 产品和 P2P 平台时，我们一定要冷静思考，而不是单纯地被数字所鼓动。尤其对于那种动辄承诺收益非常高，远远超出了国家规定基准的 P2P 平台，例如承诺达到 20%、30% 甚至更高的，我们应该敬而远之。“贪多必失”，中国这句老话，放在任何一个时代都不过时。

4. 多关注行业信息

P2P 正在发展初期，所以多关注行业信息，也可以帮助我们识别哪些是假冒的、有风险的 P2P 平台。例如，P2P 理财项目将会纳入银监会监管系统，所以，多关注银监会的新闻发布，必要时进行电话咨询，这样也可以避免上当受骗。

风险之下，如何玩转各大 P2P 平台

目前，手机 P2P 软件类型众多，而在进行理财投资之前，我们需要对各个平台的模式有一个简单的了解。同时，在正规的 P2P 平台进行投资，也能够最大限度地保证我们的权益不受侵害。

你真的了解 P2P 平台模式吗

目前，国内的 P2P 平台，主要有四种服务模式：

1. 作为担保机构

作为担保机构进行理财与投资，这是最安全的网络借贷方式。这种运作方式是指平台大多数只是中介，不存储客户的资金也不借贷给客户，只是提供一些金融类的信息，给合作双方提供信用保障。这种平台的交易方式是“一对多”，代表一笔借款可以有很多个投资人进行投资。这种方式是由国内大型的担保机构联合担保的，可以最大限度地保证投资人的资金安全，如果借贷人没有按时还款，担保机构会在第二个工作日内把本金和利息一并打进投资人的账户。

2. 在网络借贷平台下进行债权合同转让

这是网络借贷平台的线下模式，同时也可以称之为“多对多”模式。这种交易方式的投资人和借贷人都是不规则打散组合的，机构通过个人发放贷款的形式，把这笔债券的金额和期限拆分开来，利用资金和期限相互交错，不断增加资金的流通，这样可以更快地发展借贷。

3. 由大型的金融集团所创立的网络借贷平台

这种平台有很大的经济背景，而且是传统金融行业在互联网金融行业中的发展，所以有着更专业的金融知识以及交易模式，交易制度也更加完善。

4. 线下与线上相结合

这种模式，主要是把线下商务的借贷和互联网结合起来的综合交易方式。比如说阿里小额贷款，它为一些电商加入了信用审核系统，把贷款的信息进行整合，为客户以及电商提供一些交易数据和客户资源，用线下的小额贷款公司为客户提供服务，把线上与线下结合起来，让互联网可以更好地成为线下交易的平台。

而随着 P2P 平台的不断完善与发展，一些大型 P2P 平台，也将各种模式进行融合，包含多种服务类型。在选择产品时，我们不妨通过售前渠道咨询客服，了解你做的项目究竟属于哪种模式，然后再做出决定。

咨询的意义，除了了解信息，还有一点就是：如果客服人员自己都无法做出完整的回答，那么可以判断，这家平台是不值得信任的。毕竟，业务员尚且不熟悉产品，平台谈何正规与规范？

搭建好平台

到现在为止，中国超过 2000 家的网络借贷平台中，P2P 网络借贷平台已经发展为很多种模式。下面有几种比较典型的网络借贷平台，它们都是大品牌，同时也受相关部门监管，因此投资风险较小，基本上不会有跑路的问题出现：

1. 拍拍贷

拍拍贷是典型的线上 P2P 借贷模式，充当一个交易平台，借贷人在平台上发布需要借款的消息，很多投资人可以根据借贷人的信用状况以及其他资料来决定是否借款。拍拍贷的品牌所有公司主要通过收取服务费来盈利，并不参与双方之间的交易。所有交易流程中的审核也都在线上进行，把资料与合同都上传到网站上即可，借贷人的各种身份证明都可以给借贷人增加信用，但是这些信息不需要提供原件，就不能保证信息的真实性。而且拍拍贷无抵押借贷，不承担任何责任，如果借贷人不按照期限还款的话，拍拍贷是退还投资人的手续费，剩下的风险都由投资人承担。

2. 阿里小额贷

和中介类型的网络借贷模式相比，阿里巴巴所建立的小额贷款模式就显得相对成熟一些。阿里小额贷款模式结合了 O2O（线下交易和互联网结合）模式，用线下的贷款公司为线上的客户提供服务。因为线上客户交易的所有情况都在阿里巴巴的控制之中，所以就可以把交易记录当作借贷的凭据，不会出现一些小企业遮掩事实，弄虚作假想要诈骗的可能。

3. 陆金所

陆金所是平安集团旗下的 P2P 平台，注册资金 8.37 亿元。陆金所结合金融全球化发展与信息技术创新手段，以健全的风险管控体系为基础，为广大机构、企业与合格投资者提供相应的服务。从 2014 年开始，陆金所进行了新一轮大规模的宣传。因为陆金所属于平安集团，所以它的可信度和安全度是非常有保障的。

4. 宜信

宜信的交易模式主要是进行债权转让，是提前把钱借给借贷人，然后把债权拆分组合，再卖给投资人的一种模式。宜信在这个过程当中全程掌控，投资人不参与审核借贷人的信用。宜信主要是通过债权转让费以及服务费来盈利，机构会在收到借贷申请之后实地审核调查，不会借贷给不符合条件的借贷人，减轻了投资人的风险，也保证了投资人资金的安全。宜信同时承诺，如果出现借贷人逾期不还的情况，宜信会从保险金当中拿钱赔给投资人，这是对投资人的一种很大的保障。

5. 人人贷

人人贷是 P2P 行业的资深品牌，融资规模大，它既有线上线下结合的模式，也有债权合同转让模式，产品种类非常丰富。人人贷在官方网站提供了极其丰富的资质、运营情况等查询，其创始团队与专家团队都是国内的经济学者和从业人员，因此一直保有非常高的用户口碑，是 P2P 平台中一颗非常耀眼的明星品牌。

6. 有利网

有利网是把线上与线下结合起来的 P2P 平台。有利网线上发布一些借贷的需求，线下的贷款公司提供资金来源。有利网只是通过贷款公司提供项目，向投资人介绍一些借贷的项目，在借贷的过程中不承担任何责任，但是线下的贷款公司以及担保公司会保证投资人资金的安全，有利网也对贷款公司收取保证金，以保证投资人资金的安全。但是有利网只提供消息，如果贷款公司违约不偿还投资人的资金，有利网不会进行赔偿。

类似的软件其实还有不少，这需要我们擦亮眼睛进行辨别。必要时，我们可以拨打银监会的咨询电话，进行有关查询。总之，不要怕麻烦，使用 P2P 就是为了理财，让钱生钱。一旦发现有可疑的 P2P 平台，我们应当及时报警，而不是抱着破财消灾的心理，任由那些非法平台胡作非为。

经典案例：一则手机理财的故事

借助智能手机理财，这在移动互联网时代既简便，又不得不做。为什么这么说？来看这样一则案例吧。这则故事，并非笔者的原创，而是由作家王小柔刊登于 2014 年 03 月 17 日的《北京晚报》上，名为《钱放手机里》。这则故事，形象生动地说明了移动互联网时代，理财是多么重要！

在地铁里放眼一看，几乎人人都低头对着手机屏幕，一副自闭症的神态。赵文雯极其不耐烦地说："告诉你打车不用花钱，你非不信。"我实在受不了她在旁边叨叨，干脆拽着她下了地铁，站大马路上打车。空车纷纷打我身边过，一位长了一张特别有正义感脸的师傅停下，摇下窗户说了句"我是嘀嘀的"就走了。这时候，赵文雯不紧不慢地在我旁边说："咱的车马上到，已经有人接单了。"我自豪地挺了挺胸："专车啊！"赵文雯用等男友的语气跟司机联系完，我们很快就坐上了车。结账，1 分钱。

下车她拔腿就往前走，我打后面紧追两步，"别回家啊，再找个地儿去，太便宜了！”赵文雯从手机里调出方圆百里的地图，一边搜索，一边说：“你懂什么叫理财吗，就是有便宜一定要占。”我学习的兴趣立刻就被激发了，打口袋里掏出手机，准备实战。赵文雯拿眼斜了我一下：“你手机里有多少钱？”我想了一下，连话费还欠着移动三块五呢，因为没到信誉额度所以还没被停机，这也算“理财”吧。

赵文雯缩着脖子，两手揣在裤兜里，在便道上跺脚：“把你银行卡的钱，都倒手机钱包里。”可我没银行卡，每个月都得跟很多老头老太太在银行一坐一小时，等着叫号取钱。我特立独行地还在用“折子”！赵文雯特别看不上我不与时俱进的劲儿，不但用存折，时不时还得去邮局寄信。她惆怅地说，你简直就是“非物质没文化遗产”。

为了也走上理财的道儿，我开始了不耻下问。比如，你有多少钱在诸多账户里折腾来折腾去，这些钱都打哪儿来的以及手机哪天会丢等等。虽然这些问题赵文雯一个都没搭理，但通过细心观察，她居然每天都要对比一下各种理财产品的收益，还自己做个排行榜，用于观察曲线变化。余额宝、理财通、百度百赚、网易理财，她都放钱了，跟在几个鱼池里都撒了把碎馒头似的，然后每天查收了多少租子。

赵文雯的理财劲头像是散尽家财似的，她不但毛干爪净地把自己的钱全放互联网理财产品里了，还给七大姑八大姨张罗着转账。怎么看怎么不像理财，倒像搞非法集资的。她振振有词，每两句话举一下手机，给别人看的同时加以说明“昨天有 13 块，今天多了 2 分呢！”别说，这招真有煽动性，每天给个块儿八毛的让她的亲戚跃跃欲试。这是过了多少年的穷日子啊！

和赵文雯逛街，这财迷除了手机，兜里连钱都不带。我请她吃自助餐，用这样的方式安慰她吃一顿管两顿的梦想。在她酒足饭饱又刷手机查收益的时候我问她，你这账面上能动用的钱有多少啊？她咬了一口天妇罗，明眼人都能看出来胃里的东西都快顶出来了，她说：“60。”我重复：“60……万？”她说：“60 块钱！”赵文雯自己设定的，只要卡里超过 60 块钱，自动就转理财账户里了。真懂心疼自己，还知道留 60，这理财都快把命搭进去了。

后来，听说她用手机没抢上支付宝的一款 7% 利率的理财产品还去投诉了，因为手机端比电脑端开始抢购的时间存在滞后。打浑身抛家舍业勇气的赵文雯处又传来好消息，说当当网发布了一款收益率超 10% 的产品，她用激动人心的语气向我汇报的时候，我刚从银行拿完号，在一大爷身边坐定。

当我下定决心要办个银行卡赶上那 10% 的收益步伐，赵文雯骂上街了。原来所谓“收益超过 10%”的产品是投资自己的大脑，让你多买点儿书看。

这就是移动互联网时代的理财特点，我们也许可以不赚钱，但至少能够达到省钱的目的。众多的理财类 APP，可以帮助我们将财务状况理清，更可以让钱生钱，这远比十年前的理财要轻松得多，容易得多。所以，既然智能手机给了我们这样的便利，我们为什么还要放弃财富呢?

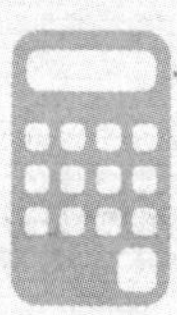

第七章 大而全：内容掘金者的创富启示

了解了智能手机的划时代意义，接下来，我们就要挖掘其所蕴含的价值。此时，如果我们拥有一支完整的团队，同时手握充足的资金，并且自己也有着足够的经验，那么，不妨进军移动互联网的大市场。手机阅读、新闻传媒、掌上音乐、手机游戏……这些移动互联网时代最热的投资项目，正在等着我们！

手机阅读：我们是读者，更是新阅读引领者

走进地铁、公交，我们会发现：那些手捧智能手机的用户，做得最多的事情不是看视频、炒股，而是阅读。相比较需要大流量的视频，需要快速思考的股票，图书就显得更加实惠和轻松。

有媒体对手机阅读用户进行过专访：家住西城区的王女士每天在上班路上需要花费将近两个半小时的时间，近日迷上玄幻的她，在上班途中告诉记者："由于工作忙，平时根本没时间去书店买书。后来一想即使买到了，拿着本书在地铁上看，被挤来挤去的也不太现实，就在手机上下载了一本，这样也算一举两得了。"

正是因为用户的激增，阅读成为了手机创业的最热门领域。

所以，在移动互联网时代，电子出版产业，呈现出了勃勃生机。掌阅、多看……这些在移动互联网时代找到精准位置的团队，无一例外不在市场上获得了让人刮目相看的成绩。

图7-1 掌阅LOGO

图7-2 多看LOLO

类似的手机阅读软件还有很多，"2014 年移动阅读报告" 显示，中国人 2014 年电子书总阅读量超过 14 亿册，移动阅读用户达 2.42 亿，意味着近一半用户通过手机看书。在实体书凋零的年代，在各大出版社、出版集团收益日益下降的年代，手机阅读却在出版业掀起了一番财富狂潮。

事实上，早在 2012 年，有移动通讯的相关从业者，就对手机阅读表现出了极大的憧憬。引用一位移动通信从业者的话来说：中国移动目前约有 7 亿手机用户，未来使用手机阅读业务的用户数有望达到 1 亿，按照每人每月 3

元的服务包月费计算，包月业务市场规模可达 36 亿元，再加上点播（单付费点击下载）约 4 亿元的市场份额，总盘子约有 40 亿元。如果再算上中国电信天翼阅读基地和中国联通沃阅读基地的未来可估算相关营收，手机阅读市场规模极限约在 50 亿元。

尽管就目前来看，中国的手机阅读市场离 50 亿元的数字还有很大的距离，但它的确每年都在迅速增长之中。否则，就不会有越来越多的风险资金流入这一领域。

掌阅、多看，这是目前较为流行的手机阅读 APP，而我们该如何建立一家属于自己的手机阅读平台呢？从规模上看，这一点不比建立一家出版公司简单：一方面，要有内容（图书）的支撑，毕竟书籍本身才是核心，没有图书就不能吸引读者前来，这一点无论实体出版还是电子出版都是如此；另一方面，在移动互联网时代，我们不能再带着传统的思路做出版，如何电子化，如何给读者带来优异的阅读体验，这都是需要去考虑的。做不好这几点，就无法创造品牌。

总体来说，想要打造一款优秀的手机阅读 APP，我们的团队至少需要由以下几个部门组成：

版权部：手机阅读的核心部门

没有图书，就没有阅读。版权部，就是为了解决这一问题。所以，我们需要一个专业的部门，去专门负责内容的组成，无论名家的图书，还是火热的网络小说，甚至杂志等，都需要版权部与出版社、集团和作者进行洽谈。越是成熟的电子阅读品牌，版权部就越是庞大，并逐渐发展出不同的版块。这一点，掌阅就有着不错的尝试。

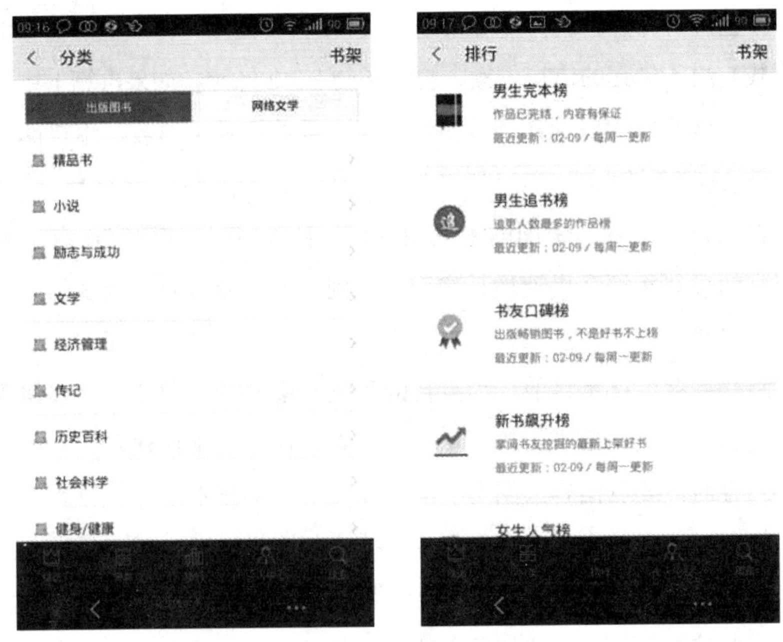

图7–3　掌阅页面

从图 7–3 中可以看到，掌阅对于内容的分类非常丰富，常规出版中的小说、文史、社科类书籍，网络文学下的玄幻、女频书籍，都有着专门的分类，这样就能给读者带来不同的选择，并且可以最大限度地吸引全年龄层、全文化层的读者。这些海量的书籍，正是凭借着版权部的努力才有的。

事实上，无论掌阅还是其他阅读软件，版权部都是整个公司的核心团队。手机阅读，阅读是第一，其他则是提升阅读体验的环节。所以，对于这个部门，我们一定要做到精、准、稳。

版权部人员建议：传统出版媒体编辑。他们拥有丰富的作者资源，并且了解出版版权的各种信息，因此在工作中能够充分发挥过去的优势。

技术部：提升互动性能的小组

尽管我们说，手机阅读的核心在于阅读，但是，手机阅读毕竟不同于传统实体图书阅读，阅读体验同样是不可忽视的关键——翻页效果、字体字号、排版格式、背景色彩、云备份……这些都影响着读者的阅读心情。一款无法自定义版式、充满漏洞的阅读软件，即使拥有极高阅读价值的作品，也会导致读者的厌烦。

事实上，我们可以这样理解：手机阅读的技术部，正是传统图书的排版、设计、印刷部门。实体图书的封面设计、装帧、印刷充满瑕疵，会给作者带来怎样的感受？盗版！自然，读者会将这本书无可奈何地放下。

所以，建立优秀的技术部，同样是电子阅读平台的核心。

技术部人员建议：专业手机 APP 开发人员。他们不一定从事过传统图书的排版、印刷工作，但是需要有丰富的手机操作、开发经验，并且理解手机时代的特点，可以精准把握手机排版、设计的技巧。

市场部：打开市场，推广品牌

酒香也怕巷子深。市场部，就是为了推广我们的平台而设立的。传统商业公司，同样拥有市场部，但是在移动互联网时代，我们需要的市场推广人员更需要具备以下素养：了解互联网，是一名标准的网虫；知道互联网的热点在哪里，可以第一时间挖掘热点；熟悉各种社交软件的使用，能够轻松应用微信、微博……

给读者带来入口，将读者引入我们的 APP，同时借助社交平台进行源源不断的互动，这是手机阅读 APP 市场部的重要工作。在移动互联网时代，阅读已经可以进行分享、讨论，可以建立某一本书的阅读群，所以，市场部的思维应当是灵活的、多变的，而不再只是简单地写书评、发新闻。

图 7–4 与图 7–5 分别是掌阅微博和湛庐文化微信的截图，可以看到，这样的宣传内容充满吸引力，可以让读者第一时间打开，并且愿意进行分享，这样的推广平台自然是优异的，是能够给品牌带来直接推动力的。

市场部人员建议：本身爱好阅读，可以在传播时，根据内容确定相应的方案；同时，非常了解网络，洞悉广大网友的心态，能够迅速找到舆论热点。公关推广公司的相应编辑，最能胜任这一工作。

图7-4 掌阅微博页面　　图7-5 湛庐文化微信页面

财务部：开支必须明细

无论哪种公司，财务部都是必须存在的，这一点毋庸置疑。所以，对于财务部的建立，我们不必再费口舌，只需找到充满责任感和专业能力的财务人员，即可满足这一部门的需求。需要特别指出的是，移动互联网公司充满了太多的细节支出，这是财务部需要格外注意的。

以上四点，只是一家手机阅读公司的基本框架，每一个部门我们还能再进行细分：版权部旗下的名家版权、励志读物版权、网络小说版权；技术部的阅读页面组、查询页面组；市场部旗下的微博组、微信组……可以说，想要成为优秀的电子出版商，并不比建立传统企业容易。

但是，手机阅读必然是未来的大趋势，所以，如果我们有这个能力，那么就应该坚定地走下去。了解出版行业的流程，拥有丰富的作者资源，具有足够的智能手机开发经验，具备互联网推广思维，那么你一定能收获属于自己的手机创富时代。

利润在哪里？手机阅读盈利大解析

手机阅读有着光明的前景，并且我们也了解到了该如何组建一支完整的手机阅读软件团队，但是，一个最关键的问题随之而来：电子出版的盈利点在哪里？没有盈利，财富就无从谈起，没有一家企业愿意只做慈善公益。而悬在手机阅读盈利之上的达摩克利斯之剑，永远挥之不去：盗版。

盗版，可以给一支创业团队带来丰富的资源，吸引大量读者的注意；但是，盗版永远都是违反法律的，是不可能长久的，并且读者也不会为盗版付费，团队永远也解决不了盈利问题。而这，也正是困惑绝大多数手机阅读平台的问题。

那么，我们该如何在推广正版的同时，从手机阅读中获得盈利呢？纵观掌阅、多看等，各家都有自己的不同模式，如会员充值（单本付费、图书包月收费）、广告植入、独家发行等等。我们很难将每一家公司的盈利点都做全方位的展开讨论，但是以下这几点，是我们必须做到的：

最传统的收入模式：广告的投放

在软件的底部或是其他部分，出现广告推广栏，这是目前绝大多数软件都会采取的方式。的确，没有一种方式，能比广告带来更直接的利润。所以，投放广告位，是我们不可能绕过的收益模式。

但是，广告是一把双刃剑，倘若给用户带来非常不好的体验，就会导致客户的流失。另一方面，用户需要为手机广告的流量费买单，这也会造成用户的流量下降，引发客户流失，反过来影响广告主的投放决策，所以，对于广告的使用必须注意。

渐成主流的收入模式：软件商店

在软件内部设立软件商店，通过第三方软件下载盈利，这是一种目前较为主流且有效的方式。来看一下掌阅在这方面的尝试：

图7–6　掌阅APP页面

如图 7–6 所示，我们可以看到，软件商店不同于广告模式，它本身就是一个独立的频道，供用户自主查阅，给客户带来了足够的尊重。而手机阅读的软件商店不同于独立的软件商店，它还具有这样的特点：

（1）提供的软件主要为休闲类，这与用户的使用心态相符。用户使用手机阅读软件本身就是为了休闲，所以与之相关的休闲软件更能切合用户思维，而诸如理财类 APP 就很难获得良好的效果。

（2）结合小说的手机游戏。尤其对于由上架作品改编的手机游戏而言，它的下载量无疑是巨大的，也很容易进行相关的绑定宣传推广。这是手机阅读软件的重要盈利点。

尚未完全清晰的收入模式：客户充值

任何一款正版手机阅读 APP，如今都开放了客户充值渠道，从而方便图书购买。因此，有些人就会认为，这也是盈利的重要支撑点。

但是事实上，就目前国内手机阅读领域而言，用户很少愿意高额充值，通常每月都控制在 5 ～ 50 元，这很显然难以产生巨大的利润点。如果将充值门槛提高，就会造成用户的成本增加，使得用户不再愿意使用。

所以，就目前而言，我们不要过于奢望从客户充值渠道盈利，这只是维护平台正常运转，购买图书版权的基础途径。甚至，我们有这样的思维：客户充值仅仅是购买渠道而非盈利渠道，它只是给用户提供服务，而非创收。

具有潜力的收入模式：版权的开发

奇幻类、玄幻类小说，始终都是手机阅读的重要内容组成。这类小说有着一个明显的特点：想象力丰富，画面宏大，具有极大的影视改编和游戏改编潜力。所以，挖掘这类小说的周边，同样可以带来巨大的财富收入。

2014 年 9 月 30 日《中国青年报》报道：盛大文学与国内 6 家影视及演艺机构签订了作品改编授权协议，《鬼吹灯》等 6 部原创网络小说被华影影视投资等单位购得，总销售价格近 1000 万元，单本价格突破 100 万元，其中《史上第一混乱》和《鬼吹灯》单价更高达 200 万元。

同年，在一年一度的游戏盛世 China Joy 活动上，举办了国内首个网络文学作品游戏版权拍卖会，6 部网络小说拍得 2800 万元，均价逼近 500 万元。

由此可见，依托优秀小说的相关改编，同样也能带来丰厚的利润。当然，想要做到这一点，我们就必须与作者签订更为详尽的合同，囊括周边版权开发、周边产品开发等细节，这一点是各个手机阅读品牌需要重视的问题。未经作者允许擅自进行版权开发，从而遭到作者的声讨和起诉，这在中国不是没有先例。

当然，就目前来说，读者的手机有偿阅读仍在市场培养阶段，如何产生巨大的盈利也在不断探索之中，尚未有一个绝对完整且有效的方法诞生。这就给电子出版商们带来了更加严峻的挑战：在占领市场先机的同时，有足够的资金支持去探索发现，才能最终成为手机阅读行业的领头军。

传媒：无处不在的新闻提供者

我们曾经提到了一款APP：今日头条。事实上，这正是移动互联网时代借助手机创造财富的传媒行业典范。

与手机阅读类似的是，浏览新闻，同样也是智能手机的一个重要用途。并且因为手机的便携性，导致其新闻阅览量逐渐超过PC端。

《2014媒体行业发展趋势报告》，在2015年2月14日，由清华大学新闻与传播学院和新浪网联合发布。数据显示，目前手机网民规模已超过PC端，2010～2014年间，用户使用手机看新闻的比例由57.1%增至98.2%。

巨大的市场占有率和发展态势，说明移动互联网时代的传媒业，必然是财富最为青睐的战场之一。因此，你完全可以顺势进入手机传媒业。

当然，我们在前面已经说过，目前移动互联网的新闻行业已经布局完毕，庞大者如新浪、搜狐这些老牌门户，新晋者如今日头条等冉冉升起，如何从这个早已杀得“血流满地”的红海市场中脱颖而出？这不是简单靠“烧钱”就能解决的。并且，我们也很难与新浪、搜狐这样的网站比资本、比人脉、比团队。

那么，该如何解决这个问题？

细分领域的“漏网之鱼”

36氪，相信关注互联网经济的读者不会对这款APP感到陌生。作为一家2010年才成立，并很快进军移动互联网媒体的品牌，短短几年时间，它已经获得了极高的关注度和风险投资。为什么它能够异军突起？打开软件（图7–7），我们会发现：它可以精准到“互联网创业”！所有的新闻消息，所有的版块内容，都紧扣“互联网创业”这五个字，再没有其他花哨的内容。与综合类新闻网站相比，它没有多达几十种的社会新闻、娱乐新闻、体育新闻等版块设置，所有文章都是最具深度的，而不似综合类新闻 APP 的泛泛而谈；同样，综合类新闻 APP 的目的是尽可能吸引所有智能手机用户，不单纯为某一个小圈子服务，因此他们也无法如 36 氪一般，将某一个新闻事件挖掘到极致。

图7-7　36氪APP页面

所以，有志于在互联网创业的人必然会下载和关注，并且推荐给有同样需求的朋友。这个时候，这款 APP 就有了足够的关注度和活跃度（新闻更新速度和内容），引来了巨大的流量。

移动互联网时代，流量是衡量一款 APP 成功与否的关键，尤其是有效流量。这就相当于电视机构的收视率。36 氪正是因为把握住了这一点，带来了足够丰富的新闻资源，因此被 VC 界关注，著名天使投资人徐小平才会给出这样的评价：36 氪成为我获取全球创新与创业信息的第一来源，也为中国的创新创业提供着源源不断的新鲜观点与故事。我为 36 氪的成功感到高兴，也为 36 氪的创业者们感到骄傲。

36 氪给我们的启迪是什么？

专业：36 氪所提供的新闻内容，都是非常具有价值的，可以给读者带来最深度思考的。

专注：36 氪不去做与目标无关的事情，只在自己的领域，尽可能做到最好。

这两点，同样可以应用于移动互联网时代任何一类新闻行业。

与之类似的，则是另一款细分领域的成功软件——文玩汇。近年来，随着文玩市场的不断走热，文玩玩家也呈现出飞快的增长趋势。但文玩制品比较侧重于收藏、古董领域，所以在主流新闻媒体，如新浪、搜狐这样的门户网站中，我们很难看到相关的信息。

所以，当文玩汇这款 APP 诞生时，立刻成为了文玩界几乎人人下载的“新闻客户端”。文玩精品鉴赏、文玩技巧交流以及紫檀花梨、文玩核桃、文玩菩提等文玩制品的相关信息，以及文玩大家的专栏文章，同时还配合用户的图片上传与互动空间，这是主流新闻网站绝不可能涉及到的领域与细节，自然很受文玩界朋友的喜爱。

所以，如果我们有志于进行移动互联网传媒投资或创业，就必须找到一个最准确的细分领域，并且做精做好，而不是幻想着与新浪、搜狐死磕。那么，哪一个领域适合你？这当然要从你的擅长和兴趣出发。总结来看，这几类是目前较为看好的方向：

1. 地方资讯类

尽管腾讯、网易等都有地方类版块，但就目前而言，它们都未做得足够深入和优秀。对于大多数手机用户而言，除了关注全国新闻，对本地新闻同样也有着极高的渴望度。所以，如果你在地方有着足够的人脉和团队，那么地方资讯类新闻服务，也可以达到占领细分市场的目的。例如洛阳地区的洛阳同城会（图 7-8），就在微信平台做得风生水起，每篇文章点击率都高达数万。

图7-8　洛阳同城会微信页面

2. 生活休闲类

生活休闲类包括餐饮美食、娱乐购物等，相信每个人都会对这类 APP 或账号有所关注。需要注意的是，目前各个地方都有相应的软件或微信公众平台，因此需要避免雷同化。

3. 圈子文化类

什么是圈子文化？它不属于大众领域，却在专业领域具有极高的黏合度，大家愿意分享与交流。例如，户外竞技、音乐创作、DIY 硬件……它们都有独特的文化特点和拥趸，这是关键。如果你是一名知名资深驴友，那么你所创建的 APP 品牌，必然很快就能够在你的圈子里得到广泛推广与下载。

细分市场，如何打开局面

找到了属于自己的新闻市场，接下来，我们要做的是什么？很简单，如何打开局面。我们不是新浪、腾讯，无法进行大规模的推广，所以我们必须做到精准投放，这样才能打开局面。

一般而言，我们需要做到以下三步：

1. 借助微信、微博打天下

微信、微博是目前最火热的社交软件，因此在新闻品牌创建初期，我们不妨借助微信、微博的力量开展业务。这个时候，我们也许并不需要过大的编辑团队，尽可能做到有自己撰写的深度文章、读者来搞、海外媒体翻译新闻等，如图 7–9 所示。

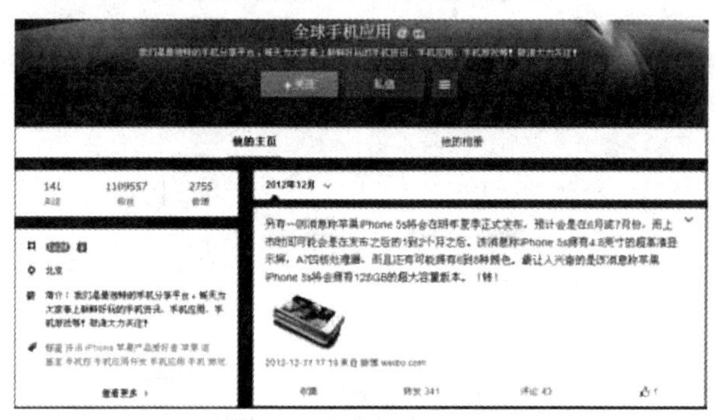

图7–9 微博@全球手机应用截图

关键点：充足的新闻量与网友互动、独家新闻、深度转发新闻。

2. 独立开发 APP

当我们能够在微信、微博上吸引到足够的关注度和广告利润，接下来，就必须开始尝试 APP 的开发。毕竟，相比较需要被腾讯、新浪所束缚的平台，独立 APP 将会给我们带来更大的权限，可以真正根据用户的需求定制相关版面，进行个性化创造。此时，我们的编辑团队需要进一步扩大，并设立相关部门——内容采编部、美编部、技术部等，以此完成各个环节的工作。

3. 不可忽视的传统推广

建立了独立 APP 并且上架，不等于大功告成。我们还需要进行推广传播，这时候不仅需要微博、微信自主渠道的推广，更需要传统模式的推广。例如，圈子文化类 APP 投放相关专业杂志，生活服务类 APP 在当地报刊上宣传等，这都是不可或缺的手段。毕竟，我们需要让更多的人看到，这单凭自己的推广有时候是很难达成的。当然，如何与我们自有的推介模式相组合，做到投资产出最优化，也是有一定技巧的。

最后依旧需要提醒的是：尽管我们已经努力避开与大鳄们的直接竞争，

但这依旧需要巨大资本的投入，尤其在前期很难立竿见影地获得收益，所以更应该做好资金和人员的准备。是否真的进军移动互联网新闻传媒业，我们仍需慎重再慎重。

掌上音乐的天籁之路

音乐，这是伴随着人类诞生就出现的精神文化食粮。没有人不喜欢音乐——年轻人追求时髦、潮流，中老年人偏爱怀旧、温馨。移动互联网的出现，让我们听音乐的梦想更加容易实现：无需专业功放，无需顶级音响，只要插上耳机，无论身在地铁还是火车上，轻轻一点音乐类 APP，即可聆听我们最想听的音乐。

所以，掌上音乐，同样成为了移动互联网时代最受瞩目的创业方向之一。这一点，从应用商店音乐 APP 的数量就可见一斑，如图 7-10 所示：

图7-10　笔者的手机截图

中国IT研究中心监测数据显示，2013年中国数字音乐市场规模达31.2亿元，同比增长6.16%，2014年中国数字音乐市场规模更是达到了33.2亿元。由此可见，掌上音乐有着怎样巨大的市场。并且，随着智能手机的功能不断增强，掌上音乐也突破了单纯的听歌模式，例如线上线下的演唱会模式，以及K歌的元素正在不断加入。

是否有足够的资金购买版权

互联网音乐发展初期，版权无疑是最受关注的问题之一。可以说，互联网音乐投资者与各大唱片公司，进行了一轮又一轮的对抗——一方面，投资方需要用最低的投入吸引听众，盗版无疑最能满足这一点；另一方面，作为音乐生产方，唱片公司的盈利点就是音乐本身，他们绝不可能让自己的产品被别人无偿应用在商业领域。

经过十几年的不断探索发展，如今的中国互联网音乐，基本都已实现版权正版化，很少再有依靠盗版的品牌能够异军突起。尤其是智能手机时代，听歌变得更加随心所欲，所以，各大唱片公司都很关注版权事件，没有一家互联网音乐公司再敢铤而走险。

因此，摆在掌上音乐APP投资者、创业者面前的问题就是——

你是否拥有足够的资金购买版权？

即使有了足够的资金，你是否有专业的团队进行谈判？版权律师、沟通编辑等等，这些同样需要有经验的人员。

所以，大资金+完整团队，这是我们投身掌上音乐的前提。

提供音乐的同时，还能提供什么

移动互联网时代，每个人的选择大大增强，再也不需要被动接受，而是完全可以自主选择。所以，当我们建立掌上音乐平台的同时，在给用户提供音乐鉴赏的同时，能否还能提供更多的附加服务？

事实上，依托音乐平台，提供更全方位的附加服务，这已经成为了手机音乐行业的共识。这一点，网易云音乐很早就开始布局，并取得了一定的效果。

1. 明星定制电台

图7-11　网易云音乐页面

毫无疑问，有音乐就有明星，有明星就有粉丝，有粉丝就有流量。所以，针对粉丝，邀请不同的明星开设精准“微电台”，这是网易云音乐的一个拓展特点。如图 7-11 所示，李宇春专题吸引了大量“玉米”进行下载，给 APP 带来巨大的流量。

2. 网友自主节目

录音设备的低价化和便携化，让普通网友有了做音频节目的机会。并且，很多普通网友同样具有很高的音乐素养或人文素养，可以制作出不同于专业 DJ 的音乐节目——也许是小众音乐集，也许是情感话题，都能在自己的圈子里引起很好的反响。

所以，正是因为满足了普通听众做 DJ 的梦想，网易云音乐的网友自主节目，如图 7-12 所示，同样取得了非常好的市场反响，并且愈发呈现蓬勃发展之势。

图7-12　网易云音乐的网友自主节目页面

事实上，无论明星定制还是网友自主节目，都给听众提供了音乐之外的另一种情感——情怀。音乐不再只是个人的精神世界，而是可以与偶像沟通、可以宣泄情绪的渠道。这种附加服务，是互联网音乐发展的大势所趋。

所以，在提供正版音乐在线试听的同时，深度发展附加服务，这是掌上音乐的发展趋势。而这就要求：团队中有和各大明星经纪人相熟的编辑，需要有能够辨别独立节目优劣的编辑。

当然，更深层次的发展模式，则是进行线下探索，打造移动互联网的O2O模式。这方面，已经有品牌开始进行了探索：2014年中国IT研究中心发布当年《中国手机音乐APP市场监测报告》，报告表明，成立线下实体店有望成为手机音乐APP今后新商业模式之一。2014年12月，“唱吧”软件首家线下KTV在北京开始试营业，逐步推动“唱吧”线上的用户群、好友关系在线下落地。按照“唱吧”方面的计划，将在2015年第一季度实现北京连锁KTV超过10家，随后向全国其他地方推广。

个性化服务的提升，与娱乐结合

相比较PC时期的桌面音乐，越来越多的用户，已经对手机音乐APP有了更多的个性功能需求，单纯听歌已经无法让用户的需求完全满足。因此，“音乐睡眠定时”、“一键彩铃设置”、“一键共享”等，成为了手机音乐APP的新标准。这一点，已经有第三方机构进行了调查：2014年，中国IT研究中心针对手机音乐APP进行全方位调查，结果显示：“音乐识别等辅助功能”以21.05%排名首位，其次是“能与其他网友分享互动”和“好看的皮肤界面”，占比分别为20.18%和17.87%。

由此可见，个性化音乐APP时代正在到来。所以，绝大多数厂家也都进行了全方位的个性化功能提升，例如多米音乐在新安卓版客户端中加入了秒杀功能，与微信商城等结合，天天动听则是在新版本中增加“碰碰运气”功能。

而在这些软件中，“唱吧”无疑是最为独特的（图7-13）。不同于其他音乐APP，它另辟蹊径将手机改造成KTV系统，应用内置混响和回声效果，提供音乐伴奏，并且能够一键分享到微信、微博，真正满足用户随时随地唱的梦想。所以，在各大应用平台上，“唱吧”都是一款下载量较大的软件。

唱 唱吧 最时尚的手机KTV

图7-13 唱吧手机截图

为了满足与娱乐结合的梦想，我们的团队要有一批具有移动互联网思维的编辑，能够快速把握用户的心理诉求，能够迅速发掘社会热点并进行开发。

付费，悬在头上的达摩克利斯之剑

尽管手机音乐正版化发展得非常迅速，让很多人有了用户付费下载模式的憧憬，但就目前来看，付费模式依旧不是用户的习惯，我们很难从直接收费中获得收益，这是投资者必须注意的。

2014 年，中国 IT 研究中心通过调查发现：手机音乐付费用户占比较低，用户付费习惯有待培育。根据比达咨询 (BigData) 数据，2014 年第 2 季度，手机音乐付费用户比例为 3.5%，免费用户比例为 96.5%，免费用户占比超过 9 成。

不是没有 APP 尝试收费模式，但是基本上手机音乐的收费都在广告屏蔽、皮肤更换等领域，音乐本身很难收费。这种现象，预计仍需多年才能改观。

所以，对于付费模式一定要慎重，即便收费，也还是应当主要应用在附加服务上，或真正的高品质无损音乐，这才能给用户带来真正的满足。

与之相似的是广告客户。一款优秀的音乐 APP 必然有广告，但是这个广告是能够给用户带来关联属性的，例如耳机、运动产品、汽车产品，这些都可以与音乐无缝接轨，这样才能给客户带来优异的广告体验。

最后，需要说明的是：与手机阅读相似，投身掌上音乐行业是一件高投入的事业，投资资金动辄就以千万乃至上亿为基准，并且需要极其庞大的编辑团队；而且，如何建立最完善的盈利模式，还在业界讨论之中。所以，如果我们并非业内人士，同时没有任何风险投资机构的支持，那么就应该避免盲目投资，让自己陷入不可想象的困境之中。

手游：移动互联网时代的大金矿

2014 年，中国网络游戏市场保持稳定增长。中国互联网络信息中心数据显示，截至 2014 年 12 月，手机网络游戏用户规模为 2.48 亿。

这则新闻，来自于 2015 年 2 月新华网的一则报导。当你看到“2.48 亿”用户这一数字时，会想到什么？

自然是财富！

可以说，在移动互联网时代，没有一个产业能与手机游戏产业的盈利能力相媲美。对于阅读，用户的付费模式还在培养；新闻本身无法产生价值；手机音乐与阅读相似，绝大多数用户早已被盗版惯坏，短时间内很难形成付费的心态。

但手机游戏不同，PC 时代的用户早已形成付费传统，所以，手游这一衍生行业，自然不必在这个问题上感到过分困扰。

财富，让人咋舌的手游数字榜

据《华尔街日报》网络版报道，美国市场调研公司 eMarketer 发布报告，2015 年美国移动游戏下载和游戏内购买营收预计将增长 16.5%，达到惊人的 30.4 亿美元。

美国市场如此，中国手游市场同样呈现出了井喷的态势。

2014 年年底，由中国音数协游戏工委（GPC）、CNG 中新游戏研究（伽马数据）和国际数据公司（IDC）共同推出的《2014 中国游戏产业报告》，将中国的手游市场财富以数字的形式展现于公众面前：2014 年，中国移动游戏市场占有率达到 24%，比 2013 年上升了 10.5 个百分点，实际销售收入 274.9 亿元人民币，较 2013 年的 112.4 亿元人民币增长了 144.6%，；市场上的产品以移动网络游戏为主，占 78.3%，单机游戏占 21.7%。

由此可见，小小的智能手机上有着太多的创业方向，但没有哪一种类型可以与手机游戏一较高下。毕竟，游戏所带来的娱乐性，以及畅游游戏过程中的互动性，是较为私人化的阅读、听歌都不可比拟的。

与此同时，手机游戏也呈现出了全年龄层的特点，受众群不再只局限于年轻人。例如益智类适合于儿童的游戏，《保卫萝卜》等适合于青少年的游戏，解密类、棋牌类适合于中年人的游戏……可以说，手机游戏能够毫无遗漏地捕获全民的心。

娱乐性、互动性、全民性，再加上移动设备的便携性，这四个特质，让手游成为了移动互联网时代的最大金矿。所以，尽管这个行业竞争激烈，但依旧得到了投资界的青睐，正如 37 手游总经理徐志高所说："未来 1 ～ 2 年还会维持 50% 的增长，因为市场仍处于初期。相比传统游戏，手游用户的盘子大很多，比如过去不怎么玩游戏的女性，都是通过手机开始接触游戏，这都是手机游戏的潜力所在。"

进军手游，这些问题你想好了么

正是因为高达数百亿的数字，让手游产业显得最为瞩目。可以说，每个人的手机里都会有一定的游戏安装，相信这一点毋庸置疑。正因为如此，有太多的公司、团队，渴望冲入这一领域，获得高额的回报。

但是，在进军手游之前，我们不要被单纯的数字所蒙蔽，事实上，还有一些问题是辉煌背后所不容易发现的。但这些问题，却又直接关系着我们能否在手游行业中走得更远。"每日给力"的 CEO 丁懿如此说道："手游行业，赚钱的可能只有 5%，85% 的游戏开发者是赔钱的，还有 10% 的盈亏平衡。"

1. 手游市场的畸形发展

正是因为手机游戏的火热，导致了资本市场的疯狂投入；而疯狂投入的结果，必然使行业畸形发展。纵观目前手机游戏，产品属性日益金融化。相应地，追求短、平、快的投机心理开始盛行，"山寨"成了"一夜暴富"的捷径。

为什么如此？事实上，一款游戏的生命周期极短，不过数月，那么我们就不能真的如传统大型游戏一般潜心多年进行开发。所以，抄袭、复制成为了看似最合理的手段。但是，久而久之，游戏产业就会再次洗牌，一些实力有限的公司和团队，必然无法与成熟团队竞争。

2. 手机游戏质量相对粗糙

各大手机论坛游戏版块中，最常见的吐槽就是：这款游戏质量太糙！

的确，就目前来看，手机游戏产品的投入和成本相对少，有的游戏甚至只需要三五个人的团队即可开发上线。但是，这样的产品，从设计、游戏方案过程设计到任务设计均有欠缺，游戏质量粗糙，在产品品质上下工夫相对较少。也许短时间内，它可以取得较好的下载量，但是之后这个团队就会趋于平庸，最终从市场上消失。

3. 如何提升用户黏合度

有太多太多的游戏，我们仅仅在下载后玩不到三天便卸载，这样的游戏无疑是失败的。我们已经说过，手机游戏产品的生命周期通常在 3 个月左右，所以如何了解用户需求，开发出受用户欢迎的产品很重要；而在这个基础上，如何提升用户黏合度，让用户持续玩下去的同时，还能够主动介绍朋友一起玩，成了更为迫切的问题。而想要做到这一点，不是靠几个技术开发人员即可完成，它需要一个非常专业的市场营销团队进行研发，这是限制很多手机游戏团队发展的困境。

4. 市场的竞争激烈

手机游戏产业早已不是小团队作坊式的模式，腾讯、360 等巨头的进入，加上海外游戏开发商，这个领域的竞争早已与传统商业相同。EA、GameMobile、Sony、腾讯……看看这些厂家推出的手机游戏数量和质量，以及用户数，我们就知道这个行业想要崛起有多难了。

5. 我们的盈利点到底在哪里

创造手机游戏的目的，自然是为了盈利。但是，我们是否想好了自己的盈利模式？要知道，就连大名鼎鼎的《愤怒的小鸟》，为了配合中国市场现状，也不得不在安卓端推出免费版供大家下载。而将游戏中的道具进行盈利开发，例如高品格的装备需要付费或使用虚拟币购买，这未尝不是好的模式，但是它首先要达到一个条件：游戏本身优异，有众多玩家下载，这样才能产生道具购买。

广告当然也是一种常见的盈利模式。但是，如果游戏中有太多的广告内容，不停地蹦出广告宣传栏，会给客户带来非常不好的体验。所以，如何平衡游戏本身与广告，还要保证广告能够产生足够的价值，这同样是摆在手游团队面前必须解决的问题。

6. 缺乏专业的推广团队

有很多中小游戏工作室、团队所开发出的游戏，同样有着与大品牌媲美的质量，但是因为资金、人员的原因，在推广方面做得非常差。并且，很多技术员出身的开发者，也很容易忽视对于游戏产品，用户的体验和习惯培养的重要性。在他们看来，“酒香不怕巷子深”，只要质量过关就会市场爆棚，但事实上这是完全行不通的。

7. 版权问题

不尊重版权，同样是目前国内手游行业无可回避的问题。一旦某款手游产品反响火爆，立即就会引来争相效仿者，从人物设定到脚本设定，可以说都存在着侵权的问题。目前国家法律在这一领域还不够完善，导致不少诉讼找不到被诉人，或法院根本无法受理，使得行业发展本身充满了隐患。

8. 创新力不足，类型雷同

正是因为手机游戏的寿命较短，导致各个开发团队不能完全潜心开发，因此创新力不足的情况日趋明显。大批量“多胞胎”游戏充斥在了手游的市场中。

手机屏幕尺寸以及操作的缘故，也导致了手机游戏不可能如家庭游戏机（PS4/XBOX）等那么完善，很多需要高操作类型的游戏无法开发。因此，手机游戏主要集中于几个固定的类型，很难再开发出足够新意的模式。

以上几点，是限制手机游戏发展的困惑。但我们不能因噎废食，存在这些问题不等于手游市场就不适合进军。在看到这个市场庞大的同时，找到解决困惑的钥匙，那么我们依然可以挖掘出最大的财富。

红海手游：如何才能杀出血路

我们已经看到，手机游戏产业具有怎样的市场与前景；我们也看到，在手机游戏产业路途上，有着怎样的拦路虎。在这个早已成为红海市场的行业，我们该如何才能杀出血路？这不是一个简单的问题，不仅需要大资本的进驻，更需要经营模式的全新调整。这一节，我们就将针对这个问题，展开全面的讨论。

把握周边产业的发展机遇

尽管手游产业发展得如火如荼，但在2014年，却有不少公司呈现出业绩下滑的趋势。毕竟，手游属于高风险行业，由于手游产品的周期性较短，更新换代的频率较快，企业难以保证持续盈利。那么，如果我们已经拥有了一款优秀的游戏，该怎样将这样的影响力进一步扩张？

答案就是：关注周边。这一点，大名鼎鼎的《愤怒的小鸟》就做得很成功，如图7–14、图7–15所示：

图7–14　愤怒的小鸟动画片

图7-15　愤怒的小鸟图书

《愤怒的小鸟》不仅推出了图书、动画片，还有玩偶等，这样就让品牌影响力直接辐射到了现实生活中，从而再次提升游戏的知名度，让这款游戏可以在不断更新中，不断笼络老玩家，吸引新玩家。

国内的游戏开发公司很少如此，产品过于单一，缺乏相关产品的开发以及运营，没有衍生物，因此即便推出了一款优秀的游戏也很快被湮没于浩海之中。

当然，想要做好这一点，需要建立一支团队，他们应当有这样的能力：

1. 市场敏感度

具备市场敏感度，可以从游戏细节中找到能够吸引玩家的爆发点，并制作周边开发的实施方案。

2. 产品可行度

能够根据方案，与各大生产厂商建立合作关系，如服装、生活制品等，并建立完善的营销方案，让手游用户能够购买和分享。

要有这样的意识：我们的周边产品，是为了反哺我们的游戏；而游戏的不断升级，可以让周边产品不断丰富。这样，这款游戏就能成为全网话题，而周边产品也会成为用户交流的纽带，从而建立最为牢固的粉丝群。

品牌系列化：手游发展的必经之路

让游戏呈现系列化发展，这是多数优秀游戏都会采取的模式，并且也取得了很好的效果。外国单机游戏如《愤怒的小鸟》、《植物大战僵尸》，每年都会进行新版本的开发；国内游戏如《保卫萝卜》等，也会不断推出续作。这样做的目的，就在于可以不断增加游戏的可玩度，让游戏者的新鲜感始终保持在较高的水平。尤其是对于第一代游戏颇受好评时，适时推出新版本，可以使游戏品牌更加深入，也能够为未来的周边拓展等奠定良好的市场基础。

对于手机网络游戏而言，也许很难高频次地推出游戏版本，但不断深化游戏内容，例如增加道具、丰富剧情，也是非常有必要的。而在合适的时间推出一些独立的支线版本游戏，以此配合正式版游戏，也是一种将品牌系列化的方法。

你的玩家，真的可以参与游戏其中吗

这里所说的参与度，绝不是简单地“让用户来玩”，而是有更深层的意义：玩家也可以成为游戏的开发者之一。

事实上，在手游行业一直有这样一种观点：内容限制了寿命。很多手游开发公司都会发现这样的问题：一款游戏刚上线时颇受好评，但很快就被用户放弃，因为内容单一，玩上两天就会感到乏味。有些公司为了解决这个问题，就增加了大量的 RPG 要素、道具要素等延长寿命，却不曾想被用户扣上了“坑钱”的帽子。

那么，该怎样解决这个问题？一些海外游戏团队开始探索，并取得了不错的反馈。例如，玩家可以通过游戏中的建议问题、评论问题、翻译问题，与研发团队互动。在答题过程中，每个问题都会提供评价系统，还可以将自己的回答翻译成多种语言，极大地丰富了游戏内容，并给予玩家参与感和荣誉感。

近期火热的《探险活宝：游戏巫师》，就是这个类型的典范。游戏中，玩家将扮演动画《探险活宝》中的主角人类 Finn 和老狗 Jake，运用图表纸、铅笔和手机去建造一个属于自己的奇幻世界。玩家只需绘制出关卡草图，再拍照就能制作出属于自己的闯关游戏，如图 7–16 所示。

图7–16 探险活宝：游戏巫师

想要做到这一点，当然不是一件易事，我们需要一支团队并做到：能够快速与用户进行沟通，尽可能第一时间回复用户的信息；将用户的创意快速实现，并迅速投入平台；在如微博、微信平台上，不断发布消息，让用户第一时间了解到相关信息。

另辟蹊径，做手游行业的“独行侠”

前面的两点，我们都是在谈手机周边和用户，却忽略了一个最关键的问题：内容。毕竟，无论你做怎样的周边，与玩家进行怎样的互动，如果没有优秀的内容做基础，一切都是妄谈。

那么，该如何在红海领域做出属于自己的高品质游戏呢？

唯一一点就是：找到自己擅长的产品方向，而不是从众。我们可以看到，目前绝大多数手机游戏都较为雷同，这在内容上就很难打动用户。而2015年的手游行业，必然会出现独特的游戏产品，他们不会只追逐海外的游戏类型，而是从中国文化中挖掘内容，诸如三国、西游、封神榜等，都将是井喷的类型。与其从众找内容，倒不如找到自己擅长的部分，做好差异化，这样就能从同质化的游戏中获得一线生机。

做好内容＋系列开发＋提高玩家参与度＋创造周边，唯有如此，才能从红海手游行业中脱颖而出。

从这些分析我们可以看到，相比较最早期手机游戏的小团队模式，到了2015年，我们不可能再依靠几个人便打下天下。也许，几个人能够做出一款让人叹服的游戏，但是想要靠几个人将品牌持续化，创造出源源不断的经典，创造出巨额的利润，显然是不切实际的。所以，即便你是一名非常出色的游戏设计师，也不要忘了——你还需要资本的介入，需要团队其他成员的配合，需要与其他硬件设备厂商合作……唯有如此，才能在手游红海领域站稳脚跟，攫取财富。

经典案例：《愤怒的小鸟》沉浮启示录

手机游戏种类众多，但如果想要找出一款全球都具有极高知名度，并且多年一直引领潮流的游戏，那么毫无疑问就是《愤怒的小鸟》。这款 2009 年诞生的游戏，是手机游戏行业中划时代的产品，并且，它对所有移动互联网产品都有着同样的借鉴意义。

小公司开发的“大”游戏

《愤怒的小鸟》是由芬兰 Rovio 公司所开发的游戏。这家公司规模不大，一开始只是做功能机的 JAVA 游戏，随后渐渐开始开发智能手机。

2009 年，是《愤怒的小鸟》诞生元年。这一年，Rovio 公司利润非常差，为了改变现状，决定开发一款让人耳目一新的游戏。经过一番讨论后，最终，公司通过了设计师的方案：游戏的形象，主要是由许多没有翅膀和腿，圆嘟嘟但异常愤怒的小鸟形象组成。设计师相信，这款游戏一定能够取得很好的效果。

《愤怒的小鸟》首款游戏登陆苹果手机平台。当时，苹果公司刚刚开发出 APP STORE 应用商店，正是需要大量软件上架之时。因此，当《愤怒的小鸟》开发成功后，这款游戏便顺利登陆苹果应用商店。而开发这款游戏的技术团队仅仅四人。

第一代《愤怒的小鸟》于 2009 年 12 月正式发行，售价为 99 美分。随后，安卓系统的《愤怒的小鸟》也快速开发完毕。仅仅两天时间，安卓平台就达到了 200 万次的下载量。

第一代的火爆，给未来开发带来了巨大的机遇。2010 年，新版、特别版等《愤怒的小鸟》陆续推出，并且取得了很好的效果。尤其是作为节日特别版的万圣节版和圣诞节版，在随后的年份里每年都会定期推出。丰富的游戏种类，让《愤怒的小鸟》拥有了一批忠实的粉丝。2010 年，《愤怒的小鸟》

成为 APP STORE 十大付费 iPhone 应用之一。

到了 2011 年，《愤怒的小鸟》掀起了更大的波澜。1 月份，电影巨头 20 世纪福克斯与其共同打造配合 3D 电影《里约大冒险》的特别版，使得游戏元素更为丰富，并成为了好莱坞影视领域的热宠。这款游戏正式上市后，10 天内就实现了 1 千万次付费下载。

2012 年 3 月，《愤怒的小鸟》太空版发行，这款游戏的情节更加丰富，将游戏背景设定为太空，加入“重力圈”的概念，使玩家体验到新鲜的物理效果。这款游戏创造了新的销售纪录——4 天突破 1 千万次付费下载！

2012 年 11 月，《愤怒的小鸟》星战版上架。仅仅两个小时之后，它就登上了 APP 下载榜榜首的位置。

正是凭借着《愤怒的小鸟》各个版本的辉煌，原本不起眼的 Rovio 公司，一跃成为了手机游戏行业的翘楚。

为什么《愤怒的小鸟》如此火爆

毫不夸张地说，正是《愤怒的小鸟》引领了手机游戏大爆发。为什么这样一款看起来很简单的游戏，可以在全球掀起热潮？

1. 简单好玩，适合手机

情节简单、操作容易，这是《愤怒的小鸟》的显著特点。毕竟，手机不同于专业游戏机，它的受众群不一定是真正的游戏达人。但是，他们却需要一款游戏简单耐玩，可以打发无聊的时间。很显然，《愤怒的小鸟》满足了这个需求。

早在 2009 年游戏开发之时，《愤怒的小鸟》就已经确定了这个思路。设计师说：“做款简单的游戏，越简单越好，最好是一个按钮就能持续不断地玩下去。”所以，他们制定了这几个原则：能够快速上手，新玩家不必花过多的时间去研究和学习；有足够的连续性，让玩家有继续玩下去的动力；形象简洁完美，容易让人记住。

这个观点，一直贯穿在《愤怒的小鸟》的发展过程中。随后的每一代游戏，这些原则是始终都没有舍弃的，所以无论我们从哪一代入手，都不会产生不适感。

2. 版本丰富，支线庞大

从《愤怒的小鸟》诞生至今，其游戏达到了数十款，这其中既有标准的进化版本，也有各种不同的支线版本。为什么要这样？因为，人们对于游戏始终是抱有喜新厌旧的态度的，一款游戏即使再优秀，三个月后也会被人放弃。所以，《愤怒的小鸟》就要不断地开发，无论从功能设定到故事情节，这样才能吸引用户在玩完一个版本后，又会转战全新的版本。

当然，无论如何改进开发，《愤怒的小鸟》内核是不变的，这样就可以保证用户在不断发掘新鲜感时，不会因为太大的改变而导致不适应。

3. 周边丰富

时至今日，《愤怒的小鸟》已经不再只是一款游戏，植入电影、开发抱枕、T恤、毛绒玩具、动漫图书等实体产品，让《愤怒的小鸟》形象更加丰富和立体。甚至，对于专注游戏平台的PS游戏机，也开发了相应的大型游戏。渗透到生活之中，这是《愤怒的小鸟》一直坚持的营销手段。如今，《愤怒的小鸟》已经成为一个众所周知的大众品牌和形象，成为很多人生活的一部分。

正是凭借着这三个原则，《愤怒的小鸟》成为了手机游戏行业的一面大旗。随后几年的各种热门游戏，我们都能看到由《愤怒的小鸟》开创的模式：简洁上手，情节丰富，周边庞大，例如《植物大战僵尸》、《保卫萝卜》等等。

逐渐衰落的《愤怒的小鸟》

不过，到了2015年，随着手机游戏的种类越来越多，加之游戏内容开发的匮竭，《愤怒的小鸟》逐渐呈现下滑趋势。据报道，受授权业务下滑的拖累，Rovio去年的营业利润大降73%。这也是Rovio旗下标志性品牌《愤怒的小鸟》渐失吸引力的最新迹象。尽管Rovio依旧在做着相关的开发和调整，例如针对中国市场开发定制版的《愤怒的小鸟》，但总体形势依旧不被看好。2014年，Rovio公司就曾公开表示：公司将在芬兰裁员130人，大约占公司员工总数的16%。

为什么这款游戏在历经了五年多风雨后，开始呈现下滑的趋势？首先，《愤怒的小鸟》在诞生之时，市面上很少有手机游戏，凭借出色的游戏内容和玩法，它很快吸引了大批的粉丝，从而站在了风口浪尖上。到了2015年，手机游戏已经呈现多点开花的局面，新游戏模式众多，所以《愤怒的小鸟》不可能再吸引到所有人的注意；其次，尽管《愤怒的小鸟》不断在进行着新版本的开发，但它的游戏模式和玩法却从没有改进，一直停留在2009年第一代开发时的状态，这让玩家的新鲜度大为降低，仅凭场景的更迭很难刺激玩家进一步尝试。事实上，《愤怒的小鸟》系列游戏的后续乏力，一直颇受业界诟病。

无论多辉煌的产品，总有被后来者追上的时刻，对于《愤怒的小鸟》而言也是如此，这是市场规律造成的。那么，如何延续品牌的火热？Rovio公司唯有不断开发全新的产品，才能保证公司持续发展。但就目前来看，Rovio公司的其他游戏，都没有取得很好的市场效果，这也为公司的未来蒙上了一层阴影。仅凭一款拳头产品来开拓市场，这样的商业模式，显然是不具有持续性和发展性的。2014年，在苹果APP STORE排行中，Rovio旗下游戏仅《捣蛋猪》排名最高，但也不过是区区的45位，与曾经火爆的《愤怒的小鸟》完全不可同日而语。

事实上，这也是很多游戏公司的困境：如何开发出更多优秀的产品，让品牌持久地屹立不倒？如果做不到这一点，未来不免就会走上破产、被收购的路。这同样是《愤怒的小鸟》给我们带来的启迪。

《愤怒的小鸟》的成功绝非偶然，它把握住了移动互联网的走向，将娱乐性适时引入手机，同时因为操作简便、内容丰富和周边发达的优势，很快便取得了很好的市场反馈。

其实，不论手机游戏行业，还是手机阅读、手机音乐等等，都应该遵循这样的原则，给用户带来快捷的服务、丰富的内容和实体的感受，这样就能吸引到用户和资本市场的关注。而与此同时，我们还应该不断开发全新的内容，这样才能保证品牌有源源不断的动力。“一招鲜吃遍天”的模式，在移动互联网时代早已失效，就连伟大的苹果公司还要在IPHONE手机的基础上，不断开发平板电脑、智能穿戴设备甚至智能汽车，更何况还在创业阶段的我们？

第八章
小而美：屌丝逆袭的手机创富时代

难道移动互联网的创业，只能集中于大资本、大团队吗？当然不！事实上，移动互联网的经济特点，正在于人人可以参与，人人能够创业。只要足够用心，并且掌握一定的手机操作技巧，那么诸如手机淘宝、金融代理，就是我们一个人创业的最佳方向；当然，如果我们拥有一支不大的团队，那么借助移动互联网思维，进军充满趣味性的定制餐饮，同样可以赚得盆满钵满！

白领也能轻松创富：移动互联网金融代理

淘宝，适合专职人员进行投资；微店，适合年轻人进行创业。那么对于工作繁忙，且对创业项目又有品质、格调追求的白领一族，有什么项目适合他们在移动互联网时代进行创业呢？

从目前来看，金融产品代理显然是最好的投资方向。

一心二用，小白领也能玩转移动互联网金融

金融，包括了银行、证券、保险多个行业，从信用卡、证券投资到商业保险，现实生活中到处活跃着金融业及金融产品的身影。而金融代理，就是利用自身影响力——白领有一定的社会地位，同时又有着丰富的人脉，可以进行某种金融产品的推广。白领的朋友圈，最关注的不是明星，不是娱乐，而是金融。他们很注重金融行业的发展，也渴望自己的财富能够通过金融投资进一步得到提升。

那么，在移动互联网时代，又该如何做金融代理呢？毕竟，我们不是全职金融代理者，不可能每天拿着厚厚的资料到处见客户。这时候，社交软件的广泛应用，就成为了白领开展金融代理项目的最佳途径。

范文芳是一名身在北京某教育机构工作的女孩。身在北京这样的大都市，消费自然非常高，这让这位小北漂产生了不小的压力，因此决定做一些兼职赚些外快。

当然，范文芳本身的工作很忙碌，不可能如一些朋友一般做淘宝、开网店，她只能抽出不多的业余时间做兼职。一次，她在某个 QQ 群中，得知群主正在招聘某保险产品的代理员，并且对时间并不做太多要求，只要可以利用手机发布即可。每谈成一单，代理者就会赢得 5% 的佣金。

范文芳有不下几十个客户，并且都较为富裕，对保险有着一定关注，这让范文芳意识到：自己完全可以做这个兼职。并且，她也和群主有过接触，

知道他是某保险公司的经理，因此并非是虚假信息，所以在进一步对产品、公司有了了解之后，她开始了自己的金融代理工作。

每周，范文芳都会根据保险公司的内容，编辑相关的推广信息发送到微信朋友圈和微博之中，并留下了自己的联系方式。一开始，咨询的人并不多，但是后来有一天，她曾经的一个客户打电话给她，详细咨询了这款保险的具体内容。因为对这款产品有着充分的了解，所以范文芳为客户带来了满意的答复，最终这款产品顺利销售。

有了第一个客户，第二个客户随即到来。再往后，凭借着朋友圈和微博的不断转发，她每个月都能有七八个单子顺利签约，每月 5000 元左右的收入，让她兴奋不已。

现在，范文芳每天下班回家后，都会查阅保险的相关知识，然后通过手机与咨询者进行交流。她还申请了一个公众服务账号，定期发布一些关于保险的话题。不耽误本职工作，又可以在业余时间利用金融代理改善生活，这让范文芳感到非常满足。

从这则案例中可以看到，依托自己的知识储备和人脉资源，白领完全可以做好金融代理服务。一方面，我们能够赚取代理金；另一方面，我们还能加深与朋友、客户的互动和交流，从而实现一箭双雕的目的——收获真情，收获财富。

白领通过手机创富，最适合的就是金融类产品。毕竟，身为白领就意味着你是社会的精英阶层，而金融产品主要的服务对象正是精英阶层，所以白领做金融代理，就显得水到渠成；而智能手机的强大功能，又可以让我们轻松完成推广任务。

我们要做的，绝不是“代理”这么简单

因为主要使用社交软件进行金融代理推广，就产生了这样的问题：基本上我们是在做圈子营销，关注我们信息的都是身边的朋友、客户等，然后依靠人脉圈不断发散。所以，如果你的金融代理产品本身就是虚假的，那么必然会给朋友圈带来极差的影响。这就要求我们，在做金融代理时，需要注意以下几点：

1. 对于产品要有充分的了解

无论你所代理的产品属于哪一家公司，至少在发布之前，你应当对这家公司有着充分的了解——实力、财力，以及这款产品的特点是什么，有哪些不足。金融代理不是简单的复制，当我们对产品有了充分的了解，才能解答朋友的提问，这是成功代理的前提。

并且，当你对产品有了充分的了解，才能决定是否在微信、微博中进行传播。无形之中，你成为了一款产品的一道“过滤器”，这样才能避免朋友上当受骗，从而在朋友圈中赢得声誉。

2. 不要太过频繁地发布

在微信朋友圈发布产品宣传，这是很自然的事情；但是，如果你的朋友圈除了广告之外再无其他，必然会遭到朋友的排斥。相信对于朋友圈那种繁多的广告信息，每一个人都烦之又烦。

所以，对于广告的发布量，我们一般一天最多一条为宜，并且不要只发布广告，而是应当在自我展示的同时，适当发布。如果你的账号沦为了毫无内容的营销号，那么朋友自然只能——屏蔽你。

3. 遇到产品问题及时辅助解决

你要记得：你不仅是一款金融产品的推广人，更是这款产品的第一售后者。因为，你的客户是你的朋友，当朋友遇到产品上的困惑和问题时，必然第一个就会想到你。如果此时你将所有问题统统推卸给产品方，那么朋友自然会对你留下这样的印象：原来我不过是你的客户罢了，你推荐这款产品的目的，仅仅只是为了卖出去赚代理，而不是真正地帮助朋友！

所以，当你接到朋友关于售后的电话时，一方面，应当利用自己掌握的情况，给朋友进行初步解答；另一方面，也需要与产品方进行沟通，要求他对朋友做出一个更加合理的解释，这样才能维系好双方。

4. 了解你的朋友圈特征后再发布

无论在微博还是微信朋友圈，我们都见过这样的信息：“韩国代购！绝对一手！有需要的可以联系我！”

当你发布这条讯息时是否想过：你的朋友们适合你代理的产品吗？如果你的朋友绝大多数对股票有所涉及，但你的代理内容却全部都是汽车保险，又怎么可能吸引朋友的注意？

朋友的不关注是小事，最差不过是自己没有赢得代理费；最严重的是朋友们不仅不会理解你的好意，反而觉得你的信息都是垃圾广告，认为你早已只认钱不认人，对于这些无用的信息防不胜防却又碍于面子不好说明，最终逐渐疏远你。

总而言之，在我们做金融代理时，需要小心谨慎，切不要因为一点代理费，伤害到整个朋友圈。这样，我们才能在本职工作之余，利用智能手机赢取外快。

趣味化的定制餐饮服务

O2O 是 2014 年最为火热的一个互联网名词，并燃烧至 2015 年。所谓 O2O，是指将线下的商务机会与互联网结合，让互联网成为线下交易的前台。这一点，我们在第二章已经进行了非常细致的讨论。

对于 O2O，很多人都有这样一种误解：这是一种“高富帅”的模式，只适合于那些大企业，对于个人创业而言，是完全不适合的。

事实上，我们之所以产生这样的误解，正是被很多所谓的经济专家给迷惑了。从本质上说，O2O 只是一种模式，而不是一种方法——我们可以根据模式确定适合自己的方法，而不是被模式所束缚。只要满足线上、线下相结合的原则，就是 O2O。

那么，对于普通创业者而言，我们如何利用 O2O 模式，通过手机创造财富呢？

很显然，餐饮服务正是最适合这一原则的。餐饮始终是需要线下（现实中）进行消费（品尝）的，而借助线上（智能手机）平台的服务，我们就可以将这一新鲜的概念玩到极致。可以说，餐饮服务的独特属性，决定了我们能够利用智能手机大展拳脚。

这方面的尝试，现实中不是没有：2015 年，宁德地区出现了一家名叫“彩米有源”的餐饮配送公司，为广大食客配送 200 多种美食。

为什么这家公司能够成为新闻事件？第一，这个公司的创业者不过是几名在校大学生；但他们将“微信订餐”引入，成为了宁德地区首家尝试 O2O 模式的餐饮公司。

这家公司的订餐服务是这样运营的：“彩米有源”微信平台与多家餐饮店面合作，主要为宁德师院的学生服务。无论何时，学生们都可以通过微信平台查看当天美食，然后在手机端下单。“彩米有源”提供的美食十分丰富，有中餐、甜点、特色小吃等 8 大项，各大菜单里还有各种子菜单，共 28 个店商 200 多种美食。当有同学下单后，“彩米有源”就能够通过后台看到记录，然后第一时间联系商家，将美食准备完毕。接下来，“彩米有源”的配送人员将会在 45 分钟之内，把美食免费配送上门。

从 2015 年 1 月 2 日正式运营，到 6 日不过四天的时间，“彩米有源”营业额已经突破万元。而这家公司，也不过是 6 个大学生集资两万多元创立的。

这则小新闻，正是 O2O 餐饮服务成功的一个典范。表面上看，它提供的餐饮与自己购买并无二异，但将智能手机巧妙地融合其中，就很好地满足了当下年轻人的消费心理：便捷、自主、有趣。想吃什么，自己挑选，自己下单；在这个过程中，还可以玩手机、一键分享，这正是移动互联网时代人们的消费习惯。

宁德的这家公司，是以配送为主。那么，如果我们经营着一家小饭馆，是不是也可以如此操作？答案不言而喻。

当然，与传统餐饮相比，O2O 餐饮服务有着明显的不同点：除了后厨系统等，更需要一个熟悉移动互联网的团队，以及能够体现移动互联网特点的经营场地。接下来，我们就将针对细节问题进行深入讨论。

线上餐饮服务，我们需要准备什么

想要做到餐饮 O2O 化，就必须提供一个平台给用户。独立开发 APP，借助微信公共服务账号，这都是不错的选择。一般而言，在经营前期，我们可以使用微信公众平台，逐渐壮大后再进行独立 APP 开发，这样就可以降低前期的运营成本和技术成本。如果你较为熟悉微信后台开发，那么可以自己进行设定；如果在这方面不够有经验，也可借助第三方插件进行，如图 8–1 所示。它可以给我们提供现成的模板，只需进行图片、文字、类型更换即可。

图8-1　微铺子手机页面

（图片来源：http://www.cfanz.cn/index.php?a=read&c=article&id=149593）

需要特别提示的是：有了订餐平台，并不代表就可以开业大吉。借助移动互联网思维，这才是成功的核心。

不是没有餐厅进行过O2O模式的尝试，但只是“徒有虚表”，建立了一个平台，却没有实际的内容，最终不得不草草收场。有了平台，更要有创意的进驻，这样的平台才是能够实现梦想的。

那么，我们该如何做好这一点呢？

1. 一个熟悉互联网系统的前台销售

首先，我们需要一个了解互联网系统的前台销售，简而言之，就是可以熟练操作智能手机系统的人——可以第一时间发现订单信息，能够与客户进行快速交流，及时进行订单梳理，能够从手机后台观察当前库存情况等。智能手机看似简单，但如果将某一款APP真正玩转，却不是随随便便就能够完成的。所以，我们需要一名熟悉互联网系统的前台销售，以方便对订单、客户信息进行整理。

2. 一个善于制造话题的互联网操盘手

从图8-1可以看到，我们在进行界面设置时，不是简单地将菜品罗列，而是根据每天的特点（当季当天天气、周边客户特征）进行分类设定。可以说，这样就是一个话题：为什么周一我们推荐宫保鸡丁，周末推荐毛血旺？

能够根据特点进行分类推荐，这时候，我们就创造出了一个全新的餐饮话题。当我们的点餐过程变成了具有话题性的事件时，必然会加深客户的使用感受，体验度迅速提升。

事实上，我们永远不要忘记：智能手机不是一个简单的遥控器，而是咨询发布平台。所以，我们必须牢牢把握这一点，不断开发。这就需要一名善于制造话题的互联网操盘手，可以围绕着菜品不断进行话题开发。

在这里，可以给大家一些思路建议：能否根据特色菜进行分类，每款特色菜的特点是什么；能否根据绝大多数的食客身份进行分类，白领为主的消费群主要推荐精品菜系，学生为主的消费群重点推荐价廉菜系。当你有了一个完整的思路，就能制作出极具特色的点菜系统。

线下餐饮服务，我们需要做到什么

有了一套完整的线上系统，就有了做好 O2O 餐饮服务的前提；接下来，我们需要深化线下服务，让客户感受到线上线下高度契合，从而更加信赖我们的品牌。

1. 高效的配送团队

O2O 餐饮服务时代，很多客户不会选择去餐馆消费，而是等待饭馆将餐饮送至指定地点。这就要求我们，必须有一支高效的团队进行配送。一般而言，如果让客户等待超过 30 分钟，那么客户必然会对品牌产生强烈的负面印象。这个感觉我们都有体会：如果一道菜超过 20 分钟依旧没有做好，你会产生怎样的感觉？

所以，我们必须根据订餐数量、订餐高峰时段，组建配送团队。

快，只是配送团队的第一个要素。更重要的是服务态度。态度端正，准备找兑的零钱，这会给客户带来不错的第一感受；如果还有与品牌相匹配的配送服装、饭盒等，那么就更能够赢得客户的好感。

2. 彰显个性的就餐环境

也有一些食客，会选择到餐馆就餐。所以，我们对就餐环境同样需要有所注意。例如，在餐桌上张贴一些带有二维码的卡通画片，一些能够体现线上特点的墙画、海报等，也应该在醒目的地方张贴。尤其是针对年轻人开设的餐厅，就更应该呈现出年轻化、网络化的特点，让 O2O 的概念更加明显。而对于服务全年龄层的餐馆，个性装饰则不要过多，适当点缀即可，避免给中老年客户带来心理上的影响。

总而言之，依托移动互联网开展的餐饮服务，可以有很多模式，我们不妨根据餐厅的特点和自己的喜好，进行大胆的尝试。民以食为天，餐饮永远都是创业的最佳方向，所以我们就更应该把握这个风潮，借助智能手机的特色，打造最具趣味化、个性化的餐饮品牌。

手机配件：移动互联网时代的小生意

移动互联网时代，我们使用最多的是什么？很显然，就是智能手机。“使用率最高的行业，必然能够产生极大的财富。”这是商界的真理。

为什么我们关注了那么多项目，却忽视了移动互联网时代最基础的行业——手机？

对于渴望在移动互联网时代创业的中小创业者而言，创造一款手机，显然是不现实的；而开发一款APP软件，同样需要很高的专业素养（手机底层开发、美工美编技术），所以也有些高不可攀。但是，有一样产业，却是可以适合绝大多数人的，那就是手机配件！

君不见，路边鳞次栉比的手机贴膜店；

君不见，手机卖场里大大小小的手机壳店铺；

君不见，很多女孩子的手机上，贴满了各式各样闪亮的小配饰；

……

这些同样蕴藏着财富的小配件，被我们轻易地忽视了。对于智能手机而言，每个人都会购买一定的配件，假设一台手机能赚到5元的配件费用，以中国数亿的智能手机市场而言，这是多么大的市场！

活跃一点，用移动互联网的思维卖配件

是的，我们可以看到：街头、超市中有很多手机配件店，那么我们是否就应该按照这样的老路，也去开一家实体专卖店呢？当然没有问题，但是在

实体店销售额迅速下滑的时代，如果没有移动互联网思维，那么你的生意一样会沦为“主流”——勉强维持生计，仅此而已。

所以，我的建议是：尽可能用互联网的思维进行手机配件创业，甚至可以不开实体店铺。

微信、微博、APP……这些移动互联网时代的专属产品，已经足以帮助我们进行品牌推介、活动推广、产品销售等。这一点，相信在前文中大家已经有了充足的了解。手机配件也是如此，我们可以借助这些手段，开展真正的移动互联网业务。

郑会龙是郑州某大学的大三学生，老家在浙江义乌。从中国知名的小商品城长大的他，自然对生意有着独特的敏感。他发现，几乎所有的同学在买了新手机后，都会贴膜和买壳，一些小女生甚至还花费数百元进行手机美容，这让他想到：自己的家乡有太多这样的产品，并且进价极低，那么自己为什么不可以趁着这个时候做点小生意呢？

说干就干，趁着放假回家，郑会龙购进了一批手机配件，并在高中同学的介绍下，跟一名手机贴膜老板学了贴膜的手艺。待回到校园后，他立刻开始了自己的创业之旅。

当然，他身为一名智能手机使用达人，绝不会自己开个街边小店做生意，毕竟他还是一名学生。他的方法是：创建了一个微信公众平台，每天都将一些手机使用诀窍、当日手机配件最新报价等做成新闻，并借助同学们的关系，在校园内广泛发布。

不仅如此，他还与校内的一家奶茶店组成商家联盟，由他印制宣传单页，上面不仅有奶茶店的广告，还有自己的微信平台二维码和联系方式，以此进一步扩大自己的影响力。

因为身在校园，让同学们感觉很方便和放心，加上价格很优惠，所以很多同学关注郑会龙的微信后，便来找他购买配件。一个月下来，他的收益就达到了 4000 元之多，并且还有外校的同学来找他购买配件。

如今，不上课的时候，郑会龙就会在宿舍做自己的小生意。因为他的名气越来越大，还有两名外校的同学主动来找他，希望能做他的代理。

通过这个故事，我们可以发现什么？

1. 不必拘泥于形式

在微商蓬勃发展的年代，没有人再关注你是否真的有实体店。用户需要的，是便捷的沟通，是物美价廉的产品，以及通过产品衍生的服务——手机使用技巧，手机保养技巧等等。所以，即使我们有一家实体店，也不要将思维固化到实体店，而是应该借助更多的载体做生意。更多的时候，实体店仅仅只是一个展示平台——展示我们的线下服务，展示我们的产品种类。

2. 多多开发线上营销模式

可以看到，郑会龙的绝大多数生意，都是借助着微信吸引来的。这就告诉我们，在移动互联网时代，线上营销才是关键。利用微信朋友圈的图片展示，微博的互动转发等，我们就能够将营销做得如火如荼。

小生意搭载移动平台，事实上在移动互联网时代无论做什么，我们都应该遵循这个原则。只要产品过硬、推广完善，那么就能实现财富的梦想。

再活跃一点，不必拘泥于配件

手机配件，这只是一个引子。事实上，我们完全可以围绕着智能手机这一产品，创造更多的财富。尤其是附加服务，更是最好的创业方向。

1. 手机刷机与优化

刷机，这是智能手机的一个特点。所谓刷机，就是给手机植入一个全新的系统，例如小米手机的 MIUI，乐蛙团队的乐蛙 OS 等。这些软件都有不同的设计规划，因此就会赢得各自的粉丝。但对于很多人来说，刷机因为牵涉到计算机操作、工程模式操作等，所以不能完全自己完成。

如果你是一名玩机达人，能够轻松掌握各个系统的特点，对于刷机有着足够的经验，那么你为何不做一家独特的刷机体验店？

2. 个性化手机美容

如果你擅长漫画创作，那么恭喜你，你已经有了一个最好的创业方向。我们可以看到，很多年轻人的手机壳非常花哨，但缺点也是显而易见的：没有特色，图案都由厂家设计，很难体现个人的特点。

那么，为何不借助丙烯或其他颜料，进行个性化的手机壳美容呢？甚至，直接就在手机背面进行美容！这种个性化的美容，已经在一些城市出现了。你可以购进一批纯色的手机壳，然后根据客户的需求——或是个人肖像，或是场景，进行卡通画的创作。

思维再放开一点，ZIPPO 打火机、服装鞋帽等，都可以进行类似的美容。

如果我们能够开动思维，就能发现围绕着智能手机有太多太多的内容可以做，这都是我们创业掘金的方向。当然，最后依旧要说明的是：我们要借助移动互联网思维做生意，把品牌的特点、优势等尽可能全面展开，而不是仅仅开一个店面，等着客户自己找上门。

经典案例："吃货美女"的微美食品牌路

以个人的力量利用智能手机创业，这听起来似乎并不容易，但是，总有成功的人站在彼岸，证明这不是不可能的事情。尤其在美妆、餐饮领域，几乎每个城市，都可以找出这样的代表。他们借助智能手机的快捷，通过微信、微博等手段，将一个人的生意做到了极致。

"吃货美女"的微餐饮

金晶妹是一名重庆美女，不过二十六岁的她，却早已将自己的事业做得风风火火。

2009 年，金晶妹从重庆工程职业技术学院毕业，在珠海一家公司工作。2014 年，她辞职回到了重庆，并决定自己做点什么。

金晶妹知道，自己的长处在于喜欢分享。微信刚刚诞生之时，她便在手机中安装了，还经常在朋友圈和微博上分享一些生活点滴，尤其是美食。久而久之，她被朋友们封为"吃货"。不过，她的眼光的确很准，她所推荐的小店，一般朋友们去过后都赞不绝口。

"既然大家都觉得我的美食推荐靠谱，为什么我不发挥这一点，做一个手机上的美食铺子呢？那么多人都在微信、微博上卖东西，我想我也可以！"

就这样，金晶妹通过考察，代理了某一个品牌的牛肉和兔肉产品。金晶妹没有去开店铺，而是在自己的家里做起了生意。开业的第一天，她就在微博上喊道："卖牛肉，不好吃退钱！"那个时候，她的微博粉丝有 600 多个，其中多数是在重庆的老同学，所以一下子老同学们便抱着试试看的心态去购买。因为味道好，所以同学们又带着朋友来购买，这让她忙碌了好一阵子。

随后，金晶妹的战线开始拓展到了微信。这个时候，她的微信好友数也已经达到了数百。渐渐地她发现了微信发布产品的特点：早上九点与十点之间，晚上睡觉前，是效果最好的时间段。当然，金晶妹没有让自己的朋友圈变成营销阵地，她只是每天发布两条信息，其他的内容依旧与自己的生活有关。

因为金晶妹是个手机达人，经常在微博和微信上与大家互动交流，所以很快她的知名度越来越大，每天都会有数百元的收入。这时候，她已经不再想做代理，而是想要打造自己的品牌！

为了实现自己的梦想，金晶妹找来了自己的小姨——一名擅长做兔肉的自贡人。金晶妹和小姨一边钻研手艺，一边开始了相关的注册。当和小姨开发出麻辣鸭舌、麻辣牛肉时，她的注册也已经完成。于是，她开了一家微店，不再将生意局限于小打小闹。当然，对于手机的利用，是从来都没有停止的。

为了让新品更加正宗，金晶妹定期会到农村收现榨的菜籽油，而相关配料都是从自贡购买。她雇佣了几个工人，并非常注意生产的环节，从手套、帽子、口罩到牛肉都保证安全卫生，然后根据订单当天现做，当天卖完。而这几个工人，也并非是全职工作，因为金晶妹刻意控制产量的缘故，她的工作量只需半天就可以完成，这些工人基本上都是由大学生兼职。她还会定期请这些小妹妹们吃一顿，鼓励她们也走出创业的脚步。这些学生自然也很喜欢这位年纪不大的姐姐，所以经常在学校里推荐她的品牌，无形之中校园也成了金晶妹的重要市场。

凭借着先期建立的口碑，金晶妹的微店上线第一个月，就实现了 22 万元的营业收入！为此，她还在微博和微信上感慨道："扎扎实实地破了 20 万元！继续努力！感谢每一位肉粉！"

脑子灵活的金晶妹，还决定在江北九街租下一个门面，以此作为自己品牌的线下体验店和聚会点，将自己的品牌进一步打出去。

一个人的小生意，为何也能火爆

常言道：小生意难做。但为什么金晶妹就可以闯出自己的一片天空？很大程度上，是因为移动互联网所带来的影响。管理相对简单是其一，更重要的是，金晶妹能将移动互联网的思维融入其中。

“现在大部分年轻人都喜欢晒自拍照，所以，我就将这种模式嫁接到微信和微博里。”金晶妹说。她发起了“美女买家秀”的活动，只要买家能够将自己与美食的合影发到朋友圈并截图给自己，或者发送微博@自己，那么她就会有一些小零食相送。而对于这些合影，她会配上一段文字进行转发，让更多的人可以看到。当这些照片在微博、微信上迅速传开时，自己的品牌知名度也会得到很大的提升。

此外，当她的品牌已经从朋友圈进入更多的陌生人群体时，她也及时开展了“同城免费配送”的活动。金晶妹说，这一来是为了不和太多的陌生人直接接触，以此保护自己；但更重要的则是让客户感受到用手机购买的便捷性——即便不出户，也能轻松品尝美食。尽管她不知道什么是O2O，但她却通过自己的摸索，渐渐走出了这样一条路。

“我是金晶妹的忠实粉丝，我觉得这样挺好的，方便，我也不用来回跑，还要准备零钱什么的。并且，我也挺喜欢自拍，还希望能够在收到快递时，看看能获赠什么小零食，这才叫惊喜！”27岁的文雪是金晶妹的忠实粉丝，她如此评价金晶妹的品牌战略。

对于服务，金晶妹还有很多自己的理解。例如，在给买家寄货时，主动给客户免费多赠送一点一次性手套、塑料盘子、清凉糖等小礼品，还会在晚上与客户确认。如果客户没有收到，她就会立刻补发。此外，她还建立了微信群，经常在群里以语音的方式提醒顾客如果没有吃完，别忘记放进冰箱等。久而久之，她和顾客们成为了朋友，一些新品的建议也在讨论中不断完善和开发。

对于未来，金晶妹并没有太过不切实际的幻想，反而更加坚定信心，借助智能手机挖掘商机。她说：“对于我而言，做大型品牌、建工厂，既不符合实际，也不是我喜欢的。我擅长借助手机做事情，而不是大型工厂的管理。并且，现在的收入已经让我很满足，我也有时间可以和朋友们、顾客们聊聊天、说说心里话。自由自在地创业，才是我的梦想！”

利用移动互联网的特点，这是金晶妹能够做出自己品牌的关键。当然，产品质量过硬，才是品牌崛起的核心。对于一个人的手机创业而言，成功并不是绝对不可能的事情，只要在产品好的基础上，运用成熟的互动策略，就可以将品牌一步步做大做强。无论我们做的是手机淘宝、微店还是代理，这个原则都可以通用。当把这些技巧应用熟练时，客户就会自动寻上门来。

当然，需要注意的是，我们必须避免过度营销，不要让自己的微博、微信成为单纯的营销平台。此外，不断推出新的产品，刺激顾客的消费欲望，也能使我们的手机创业之旅走得更远。当我们有了粉丝群时，当粉丝群主动利用手机帮助我们推广时，当我们与粉丝群成为了朋友时，就会感到：一个人的创业不仅不辛苦，反而很快乐！

第九章
创富更要安全：移动互联网的安全性全揭秘

尽管智能手机很美妙，我们却始终无法回避这样一个问题：该如何保证安全？移动互联网时代，各种关于安全的事件频发，黑客等不法分子，始终对我们的财富虎视眈眈。稍有放松，他们就会借助手机窃取个人信息，盗取财务。那么，我们该如何防范不法分子的窥探，又该如何守住自己的财富呢？

手机安全：影响移动互联网经济的“熊猫烧香”

2006年，一款名为“熊猫烧香”的病毒席卷全球众多PC电脑，造成了上亿元的经济损失，一瞬间计算机应用安全被广泛关注。到了移动互联网时代，我们的智能手机同样需要借助于网络的能量，手机是否也会成为黑客等不法分子的“犯罪场所”？

很遗憾的是，手机与PC一样，都成为了病毒侵入的重灾区。这不仅损害了智能手机用户，更给手机创富时代带来了一丝隐患。

可以说，从智能手机诞生，安全就成了一个非常受关注的领域。而近年来，不断爆出的智能手机安全问题，更是比比皆是：

2015年3月31日，“江海明珠网”报道：海安的周先生收到一个陌生号码发来的短信。周先生一看对方知道自己的名字，而且是自己认识的人让其发过来的，没多想就点开了网址，并在提示中下载安装了一个程序。

和周先生一样，通州先锋的吴先生也收到了类似的短信，随后5笔快捷支付消费从他的工行卡账户转出，金额共计11900元。

2015年3月31日，《燕赵都市报》报道：“老吕，这是咱们过年聚餐时的照片，我把它制作成电子相册了。打开这个网址看看吧。”这是吕先生近日收到的一条短信。吕先生看到是熟人发来的短信，没多想就打开了网址。可是他打开这个网址后，不仅没有看到电子相册，而且这条短信瞬间就群发了。“我就纳了闷，这手机怎么就知道了我通讯录里的信息，还能一一对应着发送呢？”

据悉，这种病毒自2014年便在全国爆发，一旦手机用户点开网址，对方不仅能入侵通讯录，还可以直接访问该手机的内容，轻易绑定银行账号，获取机主身份证信息，或通过GPS系统跟踪机主。

“中国网”曾报道：有一款名为“窃听大盗”的木马病毒，一旦用户手机被感染，不但使用者的通话被窃取、行踪被跟踪，甚至连包括使用者本人在内的手机周围环境都被偷拍，而且这些信息会被直接发送到木马制造者的邮箱。

从这些案例中可以看到，手机安全问题涉及了智能手机的各个方面：短信、图片、APP、网站、拍照……

而在各种手机安全事件频发的背后，还有更让人担忧的事情：据相关媒体报道，2014 年，一款叫“×× 神器”的超级手机病毒在全国范围内爆发，被感染的用户数高达数百万。而警方通过不断调查终于将犯罪嫌疑人抓获。病毒制作人李某只有 19 岁，还是一名大学生，作案动机仅为炫技。

手机病毒制作人呈现低龄化、高学历化，可见手机安全问题已经多么严重。

有相关移动安全信息公司通过调查发现，截至 2014 年，仅中国就有多达 1.2 亿部的手机曾经感染了病毒。每年，因用户的个人信息被窃取、交易账户被泄露等造成的直接经济损失超过 100 亿元人民币。更为甚者，随着移动互联网技术的不断发展，智能穿戴设备、云空间、物联网、路由器等，也成为了黑客等不法分子的攻击对象。而这类病毒，呈现出了更隐秘、远程控制化的特点。

2015 年 3 月，知名 IT 网站“中关村在线”报道：最近，一个新型的俄罗斯木马病毒被发现可以经由家用路由器漏洞而秘密收集用户信息。这款病毒可以突破已知的安全软件，其攻击目标并非路由器本身，而是用户的电脑。它会伪装成一个假的 Flash Player 更新，在用户的 PC 上运行。随后它将使用常见的用户名和密码尝试登录到网络路由器，如“1234567”，以及较不常见的，如“zaq123wsx”。

在家中，绝大多数的人使用手机时都会连接路由器的 WIFI 功能，试想，如果有人可以通过路由器控制手机乃至 PC，这是多么可怕的事情！

所以，移动互联网给我们带来了诸多的便捷，甚至带来了创造财富的机会，而它的安全性，则是我们必须时刻留意的。

苹果与安卓的安全性能提升技巧

智能手机病毒既然如此猖獗，那么我们是否应该放弃智能手机？这显然是因噎废食的。一方面，国家相关部门应当对制造手机病毒的不法分子加大惩罚力度，另一方面，我们也应当养成良好的手机使用习惯，避免被手机病毒侵害。

而就目前的智能手机而言，苹果系统与安卓系统是使用量最高的两个系统，它们有相同的部分也有不同的部分，所以我们应该从其相似点与不同点分别入手，进行安全设置。

保证手机安全的基本设置

无论苹果手机还是安卓手机，对其安全性，我们要做到以下几点：

1. 不随意点击短信链接

对于短信、彩信发送的链接，我们要慎重点击，因为它们很可能携带病毒。一般来说，我们可以通过发送号码进行判断，只要是个人手机号，千万不要点击；如果是特殊短数字，如 92111、32143 等，不妨先通过互联网搜索，或是拨打相关公司电话，得到准确确认后再点确定。如果确定是诈骗链接，请立即删除，以免以后不慎点击。

2. 不要轻易通过请求

我们经常会在公共场合收到陌生设备的请求接入，如蓝牙、红外等，此时千万不要随意接受。

3. 到正规第三方市场下载软件

软件下载同样是感染病毒的高发环节，所以，在下载软件时，我们一定要从正规的第三方市场下载，一些不知名的第三方软件尽可能不去使用。而在下载第三方市场 APP 时，我们也应该通过官方渠道下载，而不是随意点击弹出的窗口。

4. 安装相应的安全软件

为了进一步保证手机的安全性，我们还应当下载诸如 360 手机卫士、QQ 手机卫士、91 手机卫士等安全软件。安装之后，我们还要经常进行后台扫描，对手机进行全方位的体检，监测手机流量，并根据提醒进行病毒库升级。需要提醒的是，此类安全软件安装一个即可，安装过多反而会造成系统卡顿、软件冲突等问题。

5. 慎重使用网络来源图片

在对手机桌面进行图片设置时，我们应该尽可能使用自带图片。毕竟，网上来源的图片也可以植入病毒。

6. 小心 WIFI

WIFI 尽管方便，但是一些不法分子恰恰利用这一点对手机做手脚。因此，在公共场合使用 WIFI 时，一定要确定此账号是自己了解的，或是商家提供的，千万不要链接那些来路不明、乱码显示的 WIFI 账号，保证所链接的 WIFI 账号是安全的。

与此同时，我们还应该养成随手关闭 WIFI 的习惯。有一些带有木马病毒的 WIFI 账号，会自动搜索周围的手机，一旦有机会就自动链接，窃取相关信息。所以，在公共场所养成关闭 WIFI 的习惯，在需要使用时再链接安全的 WIFI 账号，这是保证手机安全的关键。

如何保卫我们的安卓手机

作为市场占有率最高的手机系统，安卓一直都是手机病毒的重灾区。这是因为，安卓系统本身为开源系统，允许人们对其进行一定程度的开发；同时，每一家安卓手机厂商又会在基于安卓系统的基础之上，进一步开发自家系统，例如小米的 MIUI，魅族的 FLYME，这都导致了安卓系统的漏洞颇多。那么，该如何做好安卓手机的安全防范呢？

1. 对于权限的访问

安卓系统的软件，很多都需要对权限进行访问。对于一些系统敏感的资源访问权限，如联系人列表、短信等，我们要慎重点击，如果觉得可疑，就应当尽量避免同意。

2. SD 卡的使用

安卓家族中，尽管目前有一些手机不再支持 SD 卡安装，但是对于绝大多数安卓手机来说，依然提供 SD 卡的服务。而 SD 卡作为移动终端系统的公共存储区域，其开放程度非常高，所有程序都可以进行访问。因此，一些重要的、涉及隐私的软件，尽量避免安装在 SD 区域。

3. 慎重刷机

刷机是安卓手机的一大特色，我们可以根据自己的喜好，安装自己喜欢的安卓定制系统。在刷机时，我们尽可能去刷由官方提供的刷机包，如小米、乐蛙等知名系统品牌，都会在官网提供刷机包下载，并附带刷机教程，或是通过大型论坛如机锋网、小米论坛这样的论坛进行下载。而对于一些不知名论坛发布的刷机包，我们就要慎重下载，避免其中附带木马病毒软件。

图9-1　360手机卫士页面

4. 重要信息安全锁定

绝大多数的安全软件，都会提供信息安全锁定功能。所以，对于一些私密信息、涉及银行账号的信息，我们可以通过这个功能进一步保证安全。因为各家安全软件的锁定功能位置及使用方法都不尽相同，这里我们仅以图 9–1 中的 360 手机卫士为例。

进入 360 安全卫士，点击“隐私保护”，进入“隐私空间”，即可进行相应设置。

苹果手机安全技巧大揭秘

相比较安卓系统的高开发度而言，苹果手机的封闭度高了很多。这种模式一方面导致用户的玩机概率小了很多，但另一方面，它也把很多病毒挡在门外。所以较安全性而言，苹果手机显然更加成熟。苹果手机的安全设置，主要集中在以下几点：

1. 尽量避免“越狱”

“越狱”是一个针对苹果手机而言的技术。因为苹果公司的限制，苹果手机不能安装未经官方认可的第三方 APP，所以一些组织就开发出了相应的技术，开放用户的操作权限，使得用户可以随意擦写任何区域的运行状态。这个技术，就是所谓的“越狱”。

表面上看起来，“越狱”似乎带来了很大的方便，但事实上，“越狱”却能够造成很多不良的后果，除了造成系统的不稳定，更重要的就是此类修改会导致安全性降低，从而便于黑客窃取个人信息、破坏设备、攻击无线网络或者引入恶意软件及病毒。毕竟，很多第三方 APP 是苹果无法监控的，倘若有不法分子在其中安置了木马病毒，那么就将轻松窃取用户的信息。

2015 年 2 月，《扬州晚报》曾报道了这样一则新闻：近日，市民肖先生的银行卡在境外被盗刷 3000 元，可肖先生纳闷，银行卡就在自己手边，这是怎么回事？民警侦查发现，问题出在肖先生的手机上。原来，肖先生的苹果 5S 刚买回来不久，他就把手机拿去找店家“越狱”。肖先生回忆，“越狱”后，手机出现过一次黑屏现象，但过了十几秒钟又自动好了。办案民警告诉肖先生，手机在“越狱”时被植入了木马程序，这个木马程序盗取了他手机网银的信息，导致他的银行卡被盗刷。

办案民警介绍，苹果手机的系统相对封闭，安全系数较大，但也有两种情况可能造成账号被盗：一是买了手机后去电脑城“越狱”，“越狱”的同时个人信息可能被商家复制；二是买了手机后，用户去网上下载第三方“越狱”软件，大部分未经安全认证的软件都暗藏木马。

由此可见，对于苹果手机用户而言，“越狱”带来的安全风险，要远远高于其带来的便利。

2. 及时升级系统

没有任何一个系统，是完全无漏洞的，苹果系统也是如此。但是，正是因为苹果系统的高度集中化和不开放化，所以苹果公司对于漏洞的修复，是非常及时和成功的。可以说，苹果每次的系统升级，很大程度上都是为了安全性提升。因此，当苹果进行系统升级时，我们就应该及时升级，将相关漏洞进行修复。

移动互联网的手机安全，是永远不过时的话题。网络黑客总是会想尽一切办法，将各种病毒植入用户的手机之中。所以，对于智能手机用户而言，提高警惕，养成良好的手机使用习惯，才是避免手机中毒的最好方式。

二维码：手机病毒传播的重灾区

短信链接、图片链接、非法下载平台……前几节，我们说到了这样几种非法窃取手机用户信息的模式。但事实上，还有一种形式，才是目前使用最为广泛，但同时安全隐患也最为严重的模式——二维码扫描。

二维码对于移动互联网的意义，前文中我们已有非常深入的讨论。正是因为二维码对于移动互联网的重要性，导致了众多黑客等不法分子，将二维码当成重要的木马植入、病毒植入途径。

防不胜防的二维码木马病毒

通常，欺诈团伙会通过假网购的店铺，用比较低廉的商品价格和派送红包优惠的手段来吸引用户咨询购买，让其扫拍带病毒的二维码。扫拍完毕，木马程序就会在后台自动安装，用户不论发送什么信息都能被木马程序拦截到。这时候，不法分子就可以轻松盗取验证码、身份证号码等个人重要信息，再据此通过修改支付密码盗取用户账号。这样一来，用户账号的资金就会遭受损失。

“浙江在线”2014 年 3 月 20 日报道：2014 年，浙江嘉兴汪女士在扫二维码时遭遇了陷阱。在淘宝交易过程中，对方发来一个二维码，称必须扫描二维码才能显示商品信息。汪女士没多想，用手机扫了一下，点了一下链接，可网页一直没有显示出来，再登录支付宝账户时，发现密码已被修改，随后，支付宝、余额宝中的 18 万元被对方转走。

据办案民警介绍，汪女士扫二维码点开的链接被植入木马病毒，她的手机“中招”后，支付宝的密码被对方获取，随后账户被对方盗刷。

通过视觉，我们是无法分辨二维码的真伪的。它生成很便捷，仅需一分钟即可，所以导致了二维码安全事件频发。正因为如此，中国人民银行 2014 年 3 月下发紧急文件《中国人民银行支付结算司关于暂停支付宝公司线下条码（二维码）支付等业务意见的函》，叫停了二维码支付，避免更多的用户被恶意二维码侵害。

如何避免二维码病毒

尽管二维码的陷阱呈现增多的趋势，但事实上，只要我们能够细心一点，这样的问题就可以避免。无论是用户还是商家，无论是扫描二维码还是生成二维码，只要借助可靠的工具，那么很多问题就可以迎刃而解：

1. 提高警惕，不要扫描未知来源的二维码

提高自我防护意识，是保护隐私和财产不受侵害的关键。扫描二维码之前，我们应当了解：这个二维码究竟是干什么的？由怎样的公司或媒体发布？同时，还要观察发布的渠道，是随意蹦出来的弹窗、街头的小广告，还是在正式刊物、官方网站上发布的？一旦发现有隐患，应该立刻停止扫描。

2. 借助安全软件扫描二维码

目前，绝大多数的安全软件，都提供了带有安全检测的二维码扫描工具。当用户扫描时，安全软件就会自动检测其是否包含有恶意网站、手机木马等相关安全威胁。如果没有问题，就会出现“安全通过”之类的提示；如果检

测到有危险，就会弹出警告提醒用户不要下载，这样就大大降低了手机感染病毒的威胁。所以在扫描二维码时，我们应当多利用这类安全有保障的第三方软件，从而保证用码安全。

3. 通过正规的途径制作二维码

对于商家而言，我们也需要制作二维码，以便用户可以方便地找到我们的线上平台。为了保证我们的二维码本身是安全的，就应该通过正规的渠道去制作。目前网上免费生成二维码的软件有很多，我们一定要选择口碑好，尽可能有第三方安全厂家认证的网站去制作，这样，就可以避免生成带有病毒的二维码。

如果消费者通过我们的二维码感染了病毒，那么，他要投诉的不是二维码生成网站，而是你的品牌。所以，选择安全系数高的渠道生成二维码，也是保护自身品牌的方法。

手机安全软件大网罗

想要提升手机的安全性，借助专业的安全软件是行之有效的手段。这一节，我们将精挑细选出几款目前市面上使用度最高、品牌实力最为雄厚的安全软件。相信在安全软件的保驾护航之下，我们的手机安全系数将会大大提升。

360 手机安全卫士

360 手机卫士是一款由 360 公司开发的手机安全软件，经过多年发展，目前已经成为装机量最大的安全软件。360 手机安全卫士的第一个特点是完全免费，第二个特点则是功能极其强大。甚至，它已经超出了普通安全软件的范畴，变成了一款庞大的系统辅助软件。

360 手机安全卫士的主要功能如下：

1. 杀毒

快速扫描手机中已安装的软件，发现病毒木马和恶意软件，一键操作，彻底查杀，同时，还将查杀确认可疑软件，获得最佳保护。

2. 话费流量

随时对手机的包月扣费情况了如指掌。用户最为关心的流量剩余、话费剩余等关键信息，只一步就可全部显示，随时随地监控资费去向。

3. 骚扰拦截

360 手机卫士的“骚扰拦截”功能一键开启诈骗先赔模式。开通后，若不幸遭遇电信诈骗，可进入快速理赔流程。这个模式，是 360 手机卫士独创的功能，非常受用户欢迎。

4. 防吸费

具有“防吸费电话”、“流量监控防吸费”、“防伪基站吸费”、“防广告吸费”、“防手机木马吸费”、“防预装软件吸费”、“防系统漏洞吸费”等全方位防吸费功能。

5. 清理加速

一键清理，帮助手机瘦身，清除缓存垃圾、内存和广告垃圾、无用安装包，为手机加速。

6. 支付保镖

可针对支付木马病毒、短信支付验证码、支付网址、WIFI 钓鱼等问题进行一系列的支付安全检测保护，让你的手机全面接受安全保护。

7. 隐私空间

此款功能可以让用户添加隐私联系人。用户与隐私联系人的通话记录以及短信都会在隐私空间中。只有通过密码才能查看隐私空间中的内容。

8. 手机备份

可将通讯录、短信等重要资料加密后备份到 360 云安全中心。用户的个人数据也可以备份到自己的手机存储卡上，无需连网也可备份恢复个人数据，本地 / 云端备份数据全部进行加密处理，以保证用户的隐私数据不被任何未经授权的程序查看或访问。

9. 手机防盗

开启防盗功能后，若发生手机丢失，可通过“追踪手机位置”获取被盗手机的当前位置；当确定离被盗手机很近时，可以使用“响警报音”功能；通过“锁定手机”可将被盗手机锁死，避免小偷直接进入手机界面查看机主信息。快速为寻找手机提供帮助，将手机丢失的个人信息损失降到最低。

正是凭借着如此庞大的功能，360 手机卫士始终占据着手机安全软件的龙头地位。不过，也正是因为功能过于庞大，会导致手机的内核使用过高，一些低端手机使用起来会出现卡顿情况，影响操作体验，这导致了部分用户不得不忍痛割爱。

QQ 手机管家

与 360 手机安全卫士类似的是由腾讯公司开发的 QQ 手机管家。并且，它的功能也与 360 手机卫士有着很多相似：一键优化、流量监控、进程管理、电池管家、病毒查杀、空间清理、骚扰拦截、手机防盗等，同样也是主打综合安全服务。因此，它与 360 手机安全卫士不免出现了同样的问题：较占内存，低端手机体验较差。

虽然比 360 手机安全卫士起步晚，但是凭借着国内 QQ 的巨大使用量，QQ 手机管家也很快占据了一定的市场份额。可以说，论黏合度，没有一款软件可以与 QQ 手机管家相媲美。而 360 手机安全卫士与 QQ手机管家因为定位一致、功能接近，所以经常被拿来比较，而各家的粉丝也是斗得不可开交。但对于普通用户而言，只要是一款优秀的软件，我们都可以尝试使用。最终决定长期使用哪一款，完全取决于个人操作喜好。

百度手机卫士

百度手机卫士，是由百度公司开发的一款手机安全软件，同样为免费使用。系统优化 、手机加速、垃圾清理、骚扰电话拦截、骚扰短信甄别、手机上网流量保护、流量监控、恶意软件查杀等，是百度手机卫士的核心功能。

百度手机卫士的优势，在于其病毒库更新的快速。这款软件曾经以病毒查杀率高达 99.7% 的结果，通过了国际权威安全评测机构 AV-Test 的评测，并摘得桂冠；2014 年 5 月百度手机卫士以 100% 的检测率、零误报的完美成绩，连续四次斩获 AV-Test 的评测桂冠。在这个领域，百度手机卫士有着雄厚的资本。

不过，百度手机卫士的缺点也显而易见，首先就是软件过于庞大，较为影响系统的流畅度，用户体验较差；其次，百度手机卫士曾爆出过“耗电门”事件，被广大网友指责极其费电。这些问题，都是百度手机卫士需要迫切解决的。

360 手机卫士、QQ 手机管家、百度手机卫士，都是主打综合安全应用的软件。同类型的软件还有金山手机毒霸、乐安全、瑞星手机助手等。因为这些软件的功能较为接近，在此就不一一展开。

LBE 安全大师

相比较前三款侧重于手机综合安全的软件，LBE 安全大师似乎并没有那么多功能，但它在专项领域做到了极致。

LBE 安全大师是安卓平台上首款主动式防御软件，第一款具备实时监控与拦截能力的手机安全软件，所以论资历，它是手机安全领域的开山鼻祖软件。因此，很多资深的手机用户，依旧选择 LBE 作为手机的安全软件。

随着 LBE 安全大师的不断开发，目前它的功能也得到了不断提升。但总体而言，它的特点依旧在于安全领域，其他的一些功能并没有跟进。新版的 LBE 主要拥有以下功能：广告拦截，流量监控，手机加速，软件管理，防盗服务。

简单便捷，功能专业，这是 LBE 安全大师最大的特点。更难能可贵的是，相比同类软件，LBE 的 RAM 占用更低，ROM 占用更小，安装包体积也是其他安全软件的一半，所以会更加小巧和省电，对于一些挑剔的用户和手机配置较低的用户，不失为一款较为推荐的软件。

Avast！手机杀毒软件

如果想要使用最纯粹的手机安全软件，那么“Avast！”无疑是最能符合标准的。“Avast！”是捷克一家软件公司的产品，从PC时代开始，“Avast！”就是杀毒行业的明星品牌，并一直延伸到了智能手机平台。

也许是国外用户的使用习惯不同，“Avast！”与中国的安全软件相比，很少有综合服务的功能，它唯一做的事情就是安全。除了防病毒系统、隐私权报告、SMS/来电过滤、网页防护、防火墙之外，它不再提供任何功能。所以，对于一些追求极简风格的用户来说，它无疑是非常棒的一个选择。

当然，“Avast！”也有一个先天的致命问题：没有中文版本。所以，英文水平有限的用户，不得不选择放弃。但如果你的英文过硬，同时不需要那些综合服务功能，那么“Avast！”无疑就是你的最佳选择。

以上这些软件，任何一款都可以满足我们对手机安全防护的需要，我们大可不必为究竟应该使用哪一款而纠结。不妨对这几款软件都简单尝试一下，只要找到适合自己的操作习惯，同时不影响手机性能的软件，就可以长期使用。当然依旧需要提醒的是：一定要去这些软件的官方网站下载，避免通过未知渠道下载到被篡改的软件，反而让安全变得更加不安全。

此外，还需要注意的是：目前部分手机出厂时已经内置了相应的安全模块，这类手机我们就不必再安装安全软件，避免因为软件冲突导致的系统崩溃等情况，例如小米手机就有自己的杀毒系统。所以，当买到一款新手机时，我们应该查阅一下相关说明，或咨询客服，以获得确切的答案。

经典案例：触目惊心的移动互联网安全大事件

移动互联网发展至今日，尽管其安全性在不断提升，但是依旧不时会有安全事件爆发。在这里，我们总结出关于移动互联网安全的大事件，一方面提醒相关公司提升软件的安全系数，另一方面也提醒广大手机用户，一定要注意自己的手机安全。

携程网信息泄露事件

2014 年年初，知名旅游网站携程网出现用户信息泄露事件。2014 年 3 月 22 日，漏洞报告平台“乌云网”连续披露了两个携程网安全漏洞，漏洞发现者称由于携程开启了用户支付服务接口的调试功能，导致携程安全支付日志泄露，日志可以泄露包括持卡人姓名、身份证、银行卡类别、银行卡号、CVV 码等信息。

与之前的各种信息泄露不同的是，这次携程网的信息泄露，并不是在 Web 网页上的漏洞导致的，而是无线部门在手机 APP 产品调试过程中，保存了日志并在 Web.config 开了目录遍历才出的状况。一旦掌握了目录遍历，攻击者能够越过服务器的根目录，从而访问到文件系统的其他部分，访问受限制文件或资源，或者采取更危险的行为。这次事故，给所有正在向无线市场大举冲刺的企业敲响了警钟。

山寨 APP 大行其道

“3D 小熊”是智能手机上一款热门的软件，但就在 2015 年，其山寨 APP 开始出现。在西祠胡同的江苏网事论坛中，有一个账号名为“江苏网警”的用户发帖称，有用户因为扫描二维码下载这款“3D 小熊”APP，却被骗了 3000 元。经过警方和专家的调查，发现其下载的“3D 小熊”并非正规软件，而是被不法分子篡改后发布的山寨 APP。经过调查，目前主流软件如支付宝、12305 等，均有大量的山寨软件存在于市面上。

山寨 APP，这是目前困扰智能手机安全的一大问题。目前山寨 APP 主要集中在游戏和电商购物类，山寨游戏在苹果 iOS 和安卓平台都有不少，因为这两类平台将会直接接触到用户的账号、密码、银行卡、个人信息等，因此是不法分子的重点攻击对象。据一位从事 APP 开发的专业人士透露，一部分制作山寨 APP 的开发者被称为“打包党”，他们将一些知名 APP 拆解后，在里面嵌入自己的广告或恶意代码，再重新打包好推送到应用商店中。所以，一般用户很难从外观上直接判断出这款 APP 是否被修改过。一旦下载，APP 内的木马程序就将启动，窃取用户的各种资料。

山寨 APP 能够大行其道，一些小型的应用平台起到了推波助澜的作用。这类平台因为实力有限，很难与知名品牌合作，因此不得不与这些山寨 APP 制作团队勾结，从而导致山寨 APP 始终“春风吹又生”。

山寨智能手机内置病毒

网易新闻 2015 年 3 月 20 日报道：杨先生是一名湖南籍普通打工仔，每个月的工资仅有 2000 多元。几年下来，他存了 3.94 万元，却在一夜之间不翼而飞。杨先生并没有开通过网银，也很少在 ATM 机上取钱，那么原本好端端在储蓄卡里的钱，怎么就不见了？

警方侦查后发现，2 月 14 ～ 17 日，杨先生银行卡里的钱，共分四次通过网上第三方快捷支付转出。收款人为“陈晓明”，但杨先生却并不认识这个人。

报案后，警方怀疑手机信息泄露可能是主要原因。原来，杨先生使用的是一部在小手机店里购买的山寨手机，其中被植入了木马病毒和恶意广告。由于山寨手机本身存在漏洞，不法分子就利用黑客软件侵入手机，获取了手机内的个人信息。

网站泄露信息、山寨 APP、山寨手机的横行，不仅是用户自己的事情，更需要相关部门的全方位监管。对于这类事件，普通用户有时候很难进行控制，但至少我们要做到尽量不在非正规网站注册、不下载来历不明的 APP、不图便宜购买与实际价格相差很多的手机。而一旦遇到诸如信息泄露、财产被骗的事件，也应当第一时间报警，避免更大的损失。